RUDOLF STEINER

Exakte Erkennt der übersinnlichen Welten

Christus vom Gesichtspunkte der Anthroposophie

Zwei Vorträge, gehalten in London
am 17. und 18. November 1922

1976

RUDOLF STEINER VERLAG
DORNACH/SCHWEIZ

Nach vom Vortragenden nicht durchgesehenen Nachschriften
herausgegeben von der Rudolf Steiner-Nachlaßverwaltung

Die Herausgabe besorgte Dr. med. H. W. Zbinden

EINZELAUSGABE

1. Auflage Dornach 1976

Veröffentlichungen in Zeitschriften siehe Seite 49

Sonderdruck aus Bibliographie-Nr. 218:
«Geistige Zusammenhänge in der Gestaltung
des menschlichen Organismus»
Rudolf Steiner Gesamtausgabe Dornach 1976

Printed in Switzerland by Zbinden Druck und Verlag AG, Basel
ISBN 3-7274-5179-3

INHALT

EXAKTE ERKENNTNIS DER ÜBERSINNLICHEN WELTEN IM SINNE DER ANTHROPOSOPHISCHEN GEISTESWISSENSCHAFT

Erster Vortrag, London, 17. November 1922

Es ist zweifellos, daß sich in der Gegenwart eine große Zahl von Menschen danach sehnt, etwas zu wissen von den geistigen, von den übersinnlichen Welten, und selbst Männer der Wissenschaft haben sich ja in der neueren Zeit vielfach damit befaßt, Wege zu finden, durch die man zur Erkenntnis der übersinnlichen Welt kommen kann. Allein bei allen diesen Versuchen, in die übersinnliche Welt hineinzukommen, stellt sich dem modernen Menschen ja immer das in den Weg, was aus der modernen Wissenschaft heraus als Urteilsfähigkeit folgt, was an Autorität aus dieser modernen Wissenschaft heraus vorhanden ist. Und gegenüber so mancher Quelle, aus der man zu schöpfen glaubt für die Erkenntnis der übersinnlichen Welt, macht sich das Urteil geltend: Ja, aber eine exakte Erkenntnis, wie wir sie gewöhnt sind in der Wissenschaft zu entwickeln, eine exakte Erkenntnis der übersinnlichen Welten kann es doch nicht geben, denn all das hält nicht stand.

Demgegenüber strebt jene anthroposophische Geisteswissenschaft, von der ich Ihnen heute und in den nächsten Tagen mir erlauben werde zu sprechen, eine wirklich exakte Erkenntnis der übersinnlichen Welt an. Eine exakte Erkenntnis nicht dadurch, daß in demselben Sinne, wie für die Wissenschaft der äußeren Welt, Experimente gemacht werden, sondern so, daß innere Fähigkeiten der Seele, die sonst im alltäglichen Leben und in der gewöhnlichen Wissenschaft im Menschen nur schlummern, auf eine solche Art entwickelt werden, daß bei all dieser Entwickelung die menschliche Besonnenheit so aufrechterhalten bleibt, wie das nur in der exakten Wissenschaft geschieht. Während man also in der exakten Wissenschaft sein Bewußtsein so behält, wie man es im gewöhnlichen Leben hat, und dann sich in den Methoden exakt verhält bei der Untersuchung der äußeren Welt, verfährt man in der anthroposophischen Geisteswissenschaft so, daß man sich eines Tages unterwirft dem, was ich nennen möchte intellektuelle Bescheidenheit, indem man sich sagt: Du warst einmal Kind, du hast damals Fähigkeiten gehabt, die nicht im entferntesten an diejenigen Fähigkeiten heranreichen, die du jetzt als erwachsener Mensch hast, und die du dir angeeignet hast durch Erziehung, durch das Leben. – Gerade so, wie man von der Kindheit auf gewisse Fähigkeiten entwickelt hat, die vorher eben nicht da waren, so kann man sich sagen, gibt es vielleicht auch im erwachsenen Menschen Fähigkeiten, die bei ihm schlummern, so wie seine jetzigen Fähigkeiten geschlummert haben in der Seele des Kindes. Und man kann durch gewisse Methoden diese Fähigkeiten aus der Seele herausholen.

Nun müssen bei der anthroposophischen Geisteswissenschaft, die hier gemeint ist, diese Fähigkeiten auf eine solche Art aus der Seele herausgeholt werden, daß die Methoden, die man dann, bevor man an eine Erkenntnis geht, auf seine eigene Entwickelung anwendet, eben in dieser eigenen Entwickelung exakt vor sich gehen. Man präpariert sich also für das Schauen in die höhere Welt hinein so, daß die Präparation, die man auf sich selber anwendet, eine exakte Methode voraussetzt. Deshalb kann man, wie ich mir schon erlaubte, bei meinen letzten Vorträgen hier in diesem Saale zu sagen, auf diese Art zu einer exakten Clairvoyance, zu einem exakten Hellsehen kommen. Es ist auf eine exakte Weise erworben, wie man sonst mit den gewöhnlichen Erkenntnissen eben auf exakte Weise die Natur erforscht.

Ich werde heute weniger zu sprechen haben von der Art und Weise, wie man sich dieses exakte Hellsehen erwirbt. Ich werde das Entsprechende gelegentlich erwähnen, denn ich habe bereits in den erwähnten vorigen Vorträgen von den Methoden gesprochen, durch die man zur exakten Clairvoyance kommt, und man kann sich über diese Methoden unterrichten namentlich aus dem Buche, das ins Englische übersetzt ist und das im Englischen eben den Titel trägt: «The Way of Initiation.»

Dagegen möchte ich zunächst heute darauf aufmerksam machen, wodurch dem Menschen im gewöhnlichen Leben versagt ist, einzudringen in die höheren Welten. Das ist ihm vor allen Dingen dadurch versagt, daß er nur immer im gegenwärtigen Augenblicke die Welt wahrnehmen kann. Durch unsere Augen können wir nur im gegenwärtigen Augenblicke die Welt und ihre Erscheinungen sehen. Durch unsere

Ohren können wir nur im gegenwärtigen Augenblicke Töne hören. Und so ist es mit allen unseren Sinnen. Alles, was zunächst die Vergangenheit unseres eigenen Erdenlebens ist, können wir nur in der Erinnerung wissen, das heißt in abgeblaßten Gedanken. Man vergleiche nur einmal, wie lebendig, wie konkret dasjenige war, was wir im Dasein vor zehn Jahren durchgemacht haben, und wie blaß, schattenhaft der Gedanke ist, mit dem wir uns heute daran erinnern.

Und so ist alles, was über den gegenwärtigen Augenblick hinausgeht, für das gewöhnliche Bewußtsein des Menschen so, daß es in ihm nur in der schattenhaften Erinnerung leben kann. Aber diese schattenhafte Erinnerung kann zu einem höheren Leben angefacht und angefeuert werden. Und das geschieht durch diejenigen Methoden, die ich, wie gesagt, heute weniger erörtern will, durch die Methode der Meditation in Gedanken, der Konzentration auf Gedanken, der Selbsterziehung und so weiter.

Derjenige, der solche Methoden auf sich anwendet, wodurch er lernt, in Gedanken ebenso intensiv zu leben, wie man sonst nur in den äußeren Sinneseindrücken lebt, der erlangt eine gewisse Fähigkeit, die darinnen besteht, daß er nicht nur im gegenwärtigen Augenblicke die Welt betrachten kann. Solche Übungen, welche dazu führen, daß man nicht nur im gegenwärtigen Augenblicke die Welt betrachten kann, müssen allerdings lange Zeit, je nach den betreffenden Anlagen des Menschen, in sorgfältiger und systematischer, eben in exakter Meditation und Konzentration ausgeführt werden. Manche Menschen bringen gerade in der gegenwärtigen Zeit die Fähigkeit, die man auf diese Weise ausbilden kann, schon bei ihrer Geburt mit. Das heißt, sie ist nicht gleich bei der Geburt so da, daß sie offenbar werden kann, aber sie tritt aus dem Inneren hervor in einem gewissen Zeitpunkte des Lebens, und man weiß, man hätte sich sie nicht im gewöhnlichen Leben erworben, wenn man sie nicht schon durch die Geburt mitgebracht hätte. Diese Fähigkeit besteht darin, daß man in den Gedanken drinnen so leben kann, wie man sonst durch seinen Körper in der sinnlichen Welt lebt.

Man nehme eine solche Aussage nicht allzu leicht. Man bedenke, daß der Mensch alles das, wodurch er sich selbst ein Dasein zuschreibt, seinem Miterleben mit der Sinneswelt verdankt. Wenn der Mensch so weit kommt, daß er, ohne daß er sich auf die Eindrücke der Augen, der Ohren, auf die Eindrücke anderer Sinne verläßt, dennoch ein inneres Leben entwickelt, das nun innerlich intensiv ist, wie sonst nur das Leben der Sinne, ein inneres Leben, das nicht bloß in schattenhaften Gedanken lebt, sondern in innerlich lebendigen Gedanken, daß man die Gedanken so erlebt, wie man sonst nur die Sinneseindrücke erlebt, dann erlebt man allerdings ein zweites Dasein, dann erlebt man ein anderes Selbstbewußtsein. Man erlebt geradezu dasjenige, was ich nennen möchte: Aufwachen, nicht außerhalb des Leibes, sondern im Innern des Menschen zu einem Leben erwachen, trotzdem der physische Leib so ruhig und durch die Sinne so unempfänglich ist, wie er sonst nur im Schlafe ist.

Wenn wir in uns selbst hineinschauen, finden wir, daß wir eigentlich nur dasjenige wissen im gewöhnlichen Leben, was wir durch die Sinne aufgenommen haben. Wir wissen von unserem eigenen Inneren durch unmittelbare Wahrnehmungen nichts. Wir können durch das gewöhnliche Bewußtsein nicht hineinschauen in unsere innere Organisation. Wenn wir ein Selbstbewußtsein im reinen Denken erwerben, dann lernen wir ebenso nach innen schauen, wie wir sonst nach außen schauen können.

Dann fühlen wir etwa das Folgende: Wenn wir sonst nach außen schauen, muß die Sonne oder ein Licht da sein, welches seine Strahlen wirft auf die Gegenstände um uns her. Durch dieses Licht, das außer uns ist, sehen wir die Gegenstände um uns her. Wenn wir uns bewußt werden in diesem zweiten Dasein im reinen Denkprozesse, der aber dann ein Anschauungsprozeß ist, der so farbig und intensiv ist wie sonst die Sinneswahrnehmung, dann empfinden wir gewissermaßen – ja, nicht nur gewissermaßen, sondern im eigentlichen Sinne, nur ist der Sinn geistig gemeint –, wir empfinden ein inneres Licht, ein Licht, durch das wir in unser eigenes Inneres so hineinleuchten, wie wir sonst die Gegenstände beleuchtet bekommen durch die äußeren Lichter.

Deshalb kann man diesen Zustand des menschlichen Erlebens eine Clairvoyance, ein Hellsehen nennen. Und dieses Hellsehen bei dem erwachten Selbstbewußtsein im Geiste, dieses Hellsehen bringt zunächst die Fähigkeit hervor, daß man in jedem Momente, den man auf Erden erlebt hat, wiederum drinnen sein kann.

Man kann zum Beispiel ganz gut erleben: du warst achtzehn Jahre alt. Mit diesen achtzehn Jahren gingst du durch diese oder jene Erlebnisse. Man hat aber nicht nur eine Erinnerung an diese Erlebnisse, man erlebt sie mehr oder weniger stark ja wieder. Man ist abermals der Mensch, der man mit achtzehn Jahren oder mit fünfzehn Jahren oder mit zehn Jahren gewesen ist. Man kann sich versetzen in jeden Augenblick seines Lebens, und man gelangt dadurch zu einem inneren erleuchteten Anschauen dessen, was man gegenüber dem Raumesleib, der unsere Sinne enthält und uns die äußere Anschauung liefert, einen Zeitleib nennen kann.

Aber dieser Zeitleib ist auf einmal da. Nicht daß man ihn in Momenten hintereinander erlebt, er ist auf einmal da. Er ist da in seiner inneren Beweglichkeit. Man überschaut sich in seinem ganzen bisherigen Erdenleben, wie man sich sonst nur in schattenhaften Gedanken an dieses Erdenleben erinnert. Man durchleuchtet seinen ganzen Erdenlauf, aber so, daß man in jedem Momente drinnensteht.

Wenn man diese innere Erleuchtung erlebt, dann weiß man, man trägt nicht nur diesen physischen Menschenleib, diesen Raumesleib an sich. Man weiß, der Mensch trägt einen zweiten, einen feineren Leib in sich, einen Leib, der eigentlich gewoben ist aus den Bildern des bisherigen Erdenlebens, aber aus solchen Bildern, die zu gleicher Zeit dieses Erdenleben selber schöpferisch gestalten, nämlich unseren Organismus und unsere Tätigkeiten gestalten, unseren Organismus, in dem wir sind, unsere Tätigkeiten, die wir ausgeübt haben. So lernt man einen zweiten Menschen in sich kennen.

Und diesen zweiten Menschen, den man kennenlernt auf diese Art, den nimmt man so wahr, daß er sich in der Tat erlebt – wie sich der physische Raumesleib in einer physischen Welt erlebt – in einer feinern ätherischen, ich möchte sagen, in einer durchleuchteten Welt. Die Welt ist noch einmal da. Die Welt ist in feineren Gestalten da. Allem Physischen liegen feinere ätherische Gestaltungen zugrunde, die man auf diese Weise schaut.

Und man erlebt das Eigentümliche, daß man alles, was man in diesem feineren Leibe erlebt, nur kurze Zeit festhalten kann. Meistens ist es so, daß derjenige, der sich diese exakte Clairvoyance erworben hat und dadurch seinen Äther- oder Bildekräfteleib, wie ich ihn auch nennen möchte, durchleuchtet hat, daß er das Ätherische der Welt, das Ätherische seiner selbst wahrnimmt, daß er aber auch zu gleicher Zeit erkennen muß, wie ungeheuer schnell die Eindrücke verschwinden. Man kann sie nicht festhalten. Man bekommt eine Art von Ängstlichkeit, nur rasch wieder zurückzukehren zu den Wahrnehmungen des physischen Leibes, damit man eine innerliche Festigkeit als Mensch, als Persönlichkeit habe. Und man erlebt sich in seinem Ätherleib. Man erlebt auch Dinge der höheren Welt in diesem Ätherleib, dasjenige, was in der höheren Welt ätherisch ist. Aber man schaut zugleich, wie flüchtig alle diese Eindrücke sind, man kann sie nicht lange festhalten, man kann sie nur dadurch festhalten, daß man sich irgendwie hilft.

Ich möchte als Beispiel anführen, wie ich mir selber helfe, um die Eindrücke dieses ätherischen Schauens nicht allzu schnell verschwinden zu lassen: Ich versuche jedesmal, nachdem solche Eindrücke da sind, sie nicht nur zu schauen, sondern sie aufzuschreiben; so daß die Tätigkeit, die ausgeübt wird, nicht nur ausgeübt wird durch die abstrakten Fähigkeiten der Seele, sondern festgehalten wird durch das Aufschreiben. Es kommt nicht darauf an, daß man die Dinge hinterher liest, aber es kommt darauf an, daß man eine stärkere Tätigkeit einfließen läßt in diejenige Tätigkeit, die zunächst eine rein ätherische ist.

Dadurch gießt man sozusagen das, was ungeheuer flüchtig und flüssig ist, und was schnell hinweghuscht, in seine gewöhnlichen menschlichen Fähigkeiten hinein. Es geschieht das alles nicht wie beim Medium unbewußt, sondern es geschieht mit vollem Bewußtsein. Aber man gießt das alles in seine gewöhnlichen menschlichen körperlichen Fähigkeiten hinein. Dadurch kann man es festhalten. Dadurch kommt man auch in die Lage, etwas sehr Wichtiges zu begreifen. Man kommt in die Lage, zu begreifen, wie festzuhalten ist eine übersinnlich-ätherische Welt zunächst – wir werden nachher von anderen übersinnlichen Welten sprechen –, aber eine übersinnlich-ätherische Welt, die einen selbst umfaßt in seinem bisherigen Lebenslauf, und die das Ätherische der äußeren Natur umfaßt bis in die Sternenwelt hinauf. Man lernt diese ätherische Welt kennen. Man lernt sich selber in dieser ätherischen Welt erleben; und man weiß, daß, ohne daß man an den physischen Leib wieder herankommt, es unmöglich ist, diese Welt länger als höchstens zwei bis drei Tage festzuhalten. Wenn man die Fähigkeiten sehr stark ausgebildet hat, kommt es dazu, daß man diese Welt zwei bis drei Tage festhalten kann. Und da man dann durch Dinge, von denen ich gleich nachher sprechen werde, dies alles überschauen kann als moderner Eingeweihter, so weiß man auch zu beurteilen, was das ist, das man da, ohne sich auf die körperlichen Fähigkeiten zu stützen, in seinem Ätherleib oder in seinem Bildekräfteleib festhält. Es ist dasjenige, was man, wenn der Mensch durch die Todespforte schreitet, aus dem physischen Leib, der zerfällt und abgelegt wird, was man da zunächst aus seinem höheren Selbstbewußtsein heraus schaut, und was aus diesem Grunde auch nicht länger als zwei bis drei Tage nach dem Tode des physischen Leibes bei dem menschlichen Selbstbewußtsein verbleiben kann.

So erlebt man durch die Gestaltung der exakten Clairvoyance die ersten Zustände, die beim Menschen nach dem Tode eintreten; man erlebt sie aus dem Grunde, weil man sie erkennend vorerlebt.

Dasjenige, was der Eingeweihte erkennend vorerlebt, das tritt nun bei jedem Menschen ein, wenn er seinen physischen Leib ablegt. Aber der Mensch würde weiter kein Bewußtsein haben – wodurch er trotzdem ein Bewußtsein hat nach dem Tode, das werde ich nachher erklären –, der Mensch würde kein Bewußtsein all die Zeit hindurch haben, in der er durch die höhere Erkenntnis seinen Äther- oder Bildekräfteleib festhalten kann, das heißt zwei bis drei Tage.

Zwei bis drei Tage nach dem Tode hat also der Mensch ein im Ätherleib lebendes Bewußtsein von der ätherischen Welt. Dann legt er dieses Bewußtsein ab. Er erlebt, wie der Ätherleib gewissermaßen von ihm abfällt, wie zuerst der physische Leib abgefallen ist, und wie er nötig hat, in ein anderes Bewußtsein überzugehen, um nach dem Tode als bewußtes Menschenwesen weiterzuleben.

Das, was ich Ihnen hier schildere als die ersten Augenblicke gewissermaßen – denn gegenüber dem Weltendasein sind es die ersten Augenblicke –, das darf derjenige, der sich die charakterisierte Fähigkeit erworben hat, in die höhere Welt hineinzuschauen, behaupten, weil er das vorerlebt, was sonst im Menschenleben normal nach dem Tode eintritt. Dadurch, daß er jenes starke Selbstbewußtsein sich erworben hat, das nicht mehr auf den Leib angewiesen ist, erlebt er diese Momente unmittelbar nach dem Tode schon in diesem Bewußtsein vor.

Er gelangt dazu, sein eigenes höheres Leben zu beleuchten, und er gelangt dadurch dazu, jenes Licht in sich selber zu erkennen, wodurch er nach dem Tode in den ersten zwei bis drei Tagen eine Welt um sich herum hat, die anders ist als diejenige Welt, die wir um uns herum haben, wenn wir durch unsere Sinne hinausschauen in unsere Umgebung während unseres Erdenlebens zwischen Geburt und Tod.

Was nach diesen Tagen eintritt, das will ich, nachdem dieser Teil des Vortrages übersetzt ist, weiter auseinandersetzen.

Um den übersinnlichen Teil des irdischen Lebenslaufes zu überschauen, der in seinem Charakter, wie ich gesagt habe, noch einige Tage nach dem Tode nachlebt, braucht man die geschilderte innere Erleuchtung. Man muß gewissermaßen in sich selber das geistige Licht anfachen, das nach innen leuchtet. Dann kommt man darüber hinaus, bloß in dem gegenwärtigen Augenblicke wahrzunehmen, wie das durch die Sinne möglich ist.

Um zu weiteren Erkenntnissen in der übersinnlichen Welt zu kommen, ist notwendig, daß sich nicht nur der Wahrnehmungszustand beim Menschen ändere, sondern daß sich auch der Lebenszustand selber ändert. Wir Menschen haben im gewöhnlichen Leben einen solchen Lebenszustand, daß unser Leben eingeschlossen ist in unseren physischen Raumeskörper. Die Grenzen unserer Haut sind zu gleicher Zeit die Grenzen unseres Lebens. Unser Leben reicht so weit, als unser Körper reicht. Innerhalb eines solchen Erlebniszustandes kann man nicht hinauskommen über dasjenige, was ich bis jetzt beschrieben habe an Erkenntnissen der höheren Welten. Man kann für Erkenntnisse der höheren Welten erst dadurch hinauskommen aus dem gewöhnlichen Erleben, daß man sich ein Erleben aneignet, das nicht eingeschlossen ist in die Grenzen des Raumesleibes, sondern das miterlebt die ganze Welt, die sonst um einen herum ist.

Und auch ein solches Miterleben kann für die Erkenntnisse der höheren Welten erworben werden. Ich will nur, wie ich schon gesagt habe, gelegentlich einiges anführen von den Methoden des modernen Eingeweihten, durch die er Erkenntnis der höheren Welten exakt erwirbt. Das übrige ist in der genannten Schrift zu finden.

Wenn man nicht nur sich die Fähigkeit erwirbt, ein zweites Dasein im Gedankenleben zu haben, das noch immer eingeschlossen bleibt in den Raumesleib, sondern wenn man sich die Fähigkeit erwirbt, außer seinem Leibe zu leben, dadurch, daß man nicht bloß Gedanken intensiv in seinem Bewußtsein leben läßt, sondern sie auch ganz übungsgemäß, durch systematische Übungen, aus seinem Bewußtsein immer fortschaffen kann, dann erwirbt man sich diesen Erlebenszustand außerhalb des Leibes. Ich will eine einfache Übung angeben.

Man nehme an, man schaue einen Kristall an. Man hat durch seine Augen diesen Kristall vor sich. Derjenige, der ein bloßes Medium sein will, oder zu einer Art von Hypnose kommen will, der starrt diesen Kristall an, und der Eindruck, den der Kristall auf ihn macht, versetzt ihn in einen Zustand der Unbesonnenheit. Damit hat anthroposophische Geisteswissenschaft nichts zu tun. Sie muß zu ganz anderen Übungen ihre Zuflucht nehmen. Für sie handelt es sich darum, daß, indem man einen Kristall anschaut, man zuletzt dazu kommt, von ihm abzusehen, zu abstrahieren, wie man sonst von Gedanken nur abstrahiert. So hat man einen Kristall vor sich und lernt durch ihn nicht physisch, aber seelisch durchzuschauen, so daß man seine Augen nicht benützt, um ihn anzuschauen, trotzdem man sie voll offen hat, und man gestaltet das seelische Erkennen so, daß man den Kristall nicht mehr vor sich hat, daß man ihn für die Anschauung wegschafft. Man kann diese Übungen auch so machen, daß man eine Farbe, die man vor sich hat, wegschafft, so daß man sie, trotzdem man sie vor sich hat, nicht mehr schaut.

Und so kann man insbesondere Übungen machen dahingehend, daß man Gedanken, die durch das äußere Leben im gegenwärtigen Augenblicke auftauchen, oder aber in früheren Momenten des Erdenlebens durchgemacht worden sind und jetzt als Erinnerungen auftauchen, daß man solche Gedanken fortschafft, das Bewußtsein von ihnen leer macht, damit man bloß wacht und eigentlich nichts von der äußeren Welt in seinem Bewußtsein hat.

Macht man solche Übungen, dann findet man in sich die Möglichkeit, mit seinem Leben nicht mehr innerhalb der Grenzen seines Raumesleibes zu bleiben, sondern über denselben hinauszugehen. Man erlebt dann das Leben der ganzen Umwelt mit, die man sonst nur in ihren sinnlichen Erscheinungen anschaut.

Dadurch tritt vor allen Dingen im ganz besonnenen Bewußtsein etwas auf, was ich vergleichen kann mit einer Erinnerung an das Leben, das man im Schlafe zubringt, an das Leben, das man zubringt vom Einschlafen bis zum Aufwachen. Geradeso wie man sich für das gewöhnliche Wahrnehmen auf den gegenwärtigen Augenblick beschränkt sieht, so sieht man sich für das gewöhnliche Leben beschränkt auf dasjenige, was man immer im wachen Zustande erlebt hat.

Denken Sie nur, wenn Sie sich zurückerinnern an Ihr Leben, so sind ja immer die Zeiten, die Sie durch den Schlaf haben, für das gewöhnliche Bewußtsein leer. Was da die Seele vom Einschlafen bis zum Aufwachen immer erlebt hat, das tritt nicht in der Erinnerung auf, so daß wir in der Erinnerung eigentlich immer eine unterbrochene Strömung haben. Wir nehmen nur nicht immer Notiz davon.

Dasjenige aber, was die Seele jedesmal zwischen dem Einschlafen und dem Aufwachen erlebt, das steht wie eine intensive Erinnerung vor demjenigen Bewußtsein, das so erwacht ist, daß der Mensch mit ihm außerhalb seines Leibes leben kann. Dadurch tritt die zweite Stufe der Erkenntnis der übersinnlichen Welten ein, und wir können zunächst gewahr werden, was wir durchmachen als Seele, wenn unser Leib, unser physischer Leib, ruhig, wie seelenlos, ohne Wahrnehmung, ohne Willensäußerungen in Ruhe schlafend beharrt. Wir können uns dadurch im gewöhnlichen Tagesleben gewissermaßen erinnern an dasjenige, was wir außerhalb des Leibes jedesmal zwischen dem Einschlafen und Aufwachen erlebt haben. Nur müssen wir uns eben klar sein, daß, was da auftritt, von uns in der richtigen Weise beurteilt werden muß. Wir lernen ja kennen, daß das, was die Seele erlebt vom Einschlafen bis zum Aufwachen, außerhalb des Leibes erlebt wird. Wir können es nur anschauen, wenn wir ein Bewußtsein, einen Lebenszustand entwickeln können außerhalb des Leibes. Und wir lernen jetzt nicht nur etwas kennen, was gewissermaßen durch ein inneres Licht bestrahlt wird, wie unser eigener Zeitleib, wie ich das geschildert habe, sondern wir lernen jetzt in der Tageserinnerung, die nur zu dieser exakten

Clairvoyance höherer Art aufgestiegen ist, dasjenige erkennen, was wir jedesmal zwischen dem Einschlafen und Aufwachen wirklich erleben. Nur ist zunächst dieses Erleben etwas Frappierendes. So wie wir im Tagesleben im gewöhnlichen Bewußtsein in unserem physischen Leibe leben, in uns Lunge, Herz und so weiter haben, so haben wir vom Einschlafen bis zum Aufwachen tatsächlich nicht ein persönliches menschliches Bewußtsein, sondern ein kosmisches Bewußtsein. Wir haben ein Bewußtsein, als ob in uns – so paradox das klingt, es ist der anschauenden Erkenntnis dieses wahrnehmbar – leben würden Nachbildungen der Planeten- und Sternenwelten. Wir fühlen uns im Alleben des Kosmos. Wir schauen gewissermaßen die Welt an von dem Gesichtspunkte des Allebens im Kosmos.

Und indem wir das, was wir sonst um uns haben, dann innerlich in uns erleben, gehen wir – und zwar im wirklichen Lebenszustande rückwärts – jedesmal beim Schlafen dasjenige durch, was wir hier im physischen Leben durchlebt haben vom vorigen Aufwachen bis zum Einschlafen.

Wenn wir also zum Beispiel regelmäßig einen Tag durchwacht haben und dann in der Nacht schlafen, dann zeigt es sich, daß wir, indem wir einzuschlafen beginnen, die letzten Erlebnisse, die wir am Abend gehabt haben, bevor wir in den Schlaf gekommen sind, rückwärts erleben, dann die mehr am Nachmittag liegenden. Und so erleben wir rücklaufend das ganze Tagesleben die Nacht hindurch.

Wie gesagt, es handelt sich für die exakte Clairvoyance, von der ich hier sprach, darum, daß man im gewöhnlichen Tagesleben diese Rückerinnerung an diese nächtlichen Erlebnisse hat. Gerade so, wie man sich in der gewöhnlichen Erinnerung rückerinnert an das, was man im Tagesbewußtsein vor Jahren erlebt hat, so kann man durch die exakte Clairvoyance erleben dieses rückwärtige Erleben des Tageslebens. Und so hat man in der Tat etwas wie eine erweiterte Erinnerung in dieser exakten Clairvoyance vor sich. Man schaut zurück auf sein schlafendes Erleben. Man weiß, daß man schlafend außerhalb des physischen Raumesleibes erlebt, daß man in einer wirklichen Weltwesenheit, die gewissermaßen ein Nachbild der ganzen Welt in sich im Bewußtsein hat, daß man in einer solchen Weltwesenheit sein eigenes Tagesdasein rückwärts erlebt. Und man findet dann auch, daß dieses Tagesdasein im rückwärtigen Erleben nicht so lange braucht, als es hier in der physischen Welt braucht. Man lernt allmählich, indem man wirklich Forscher wird auf diesem Gebiete, das heißt in systematischer Weise, immer mehr und mehr die Dinge kennen durch eine exakte Erfahrung, man lernt erkennen, wie dieses Rückwärtserleben dreimal so schnell vor sich geht als das physische Erleben im gewöhnlichen Bewußtsein. So daß also jemand, der etwa zwei Drittel seiner Zeit wach ist und dann ein Drittel der Zeit schläft, in diesem Drittel der Zeit auch dasjenige durchlebt, was er in den zwei Dritteln im physischen Dasein durchgemacht hat. So daß man also kennenlernt ein Leben, das der Mensch außer seinem Leibe entfaltet, das rückwärts verläuft mit dreifacher Schnelligkeit.

Indem man sich im gewöhnlichen Tagesleben durch exakte Clairvoyance an dieses nächtliche schlafende Leben erinnert, weiß man zu gleicher Zeit, daß dieses schlafende Rückerleben keine eigene Bedeutung hat. Das, was man im Tagesbewußtsein hat in der exakten Clairvoyance, ist schon eine Erinnerung. Aber dasjenige, woran man sich als an die Schlafeserlebnisse erinnert, das zeigt, daß es keine eigene Bedeutung hat, sondern nur eine Vorbedeutung. Und das ist so. Fragen Sie sich, wie beurteilen Sie eine Erinnerung an ein Erlebnis, das Sie vor zwanzig Jahren gehabt haben? – Sie sagen sich: Ich erlebe in schattenhaften Gedanken. Aber diese Erinnerung bietet mir durch ihr eigenes Wesen die Garantie, daß ich keine Phantasie vor mir habe, sondern daß sie ein Abbild ist dessen, was in der Vergangenheit meines Erdenlebens von mir wirklich, tatsächlich einmal erlebt worden ist. So wie die Erinnerung in sich eine Garantie enthält, daß sie sich auf etwas ganz anderes bezieht, was wirklich in der Vergangenheit ist, so trägt dasjenige, auf das man hinsieht als auf ein nächtliches Erleben, die Garantie in sich, daß es keine eigene Bedeutung hat, sondern auf ein Zukünftiges weist.

Man braucht der Erinnerung nicht zu beweisen, daß sie sich auf ein Vergangenes bezieht. Man braucht ebensowenig, wenn man die exakte Clairvoyance erlangt hat, demjenigen, was man da überschaut von seinen nächtlichen Erlebnissen, zu beweisen, daß es nicht eine Phantasterei der Gegenwart ist. Man sieht ihm an, daß es sich auf die

Zukunft des Menschen bezieht, und zwar auf jene Zukunft des Menschen, wo der Mensch seinen physischen Leib mit dem Tode wirklich abgelegt haben wird, wie er ihn jetzt bloß in der exakten Clairvoyance bildhaft abgelegt hat.

Und dadurch lernt man erkennen, was der Mensch erlebt nach dem Tode, wenn er die drei Tage absolviert hat, von denen ich gesprochen habe. Ja, man lernt durch diesen erinnerungsähnlichen Vorgang auch die Bedeutung der zwei bis drei Tage nach dem Tode erkennen, wo man sich wie in einem Weltbewußtsein fühlt, in einem kosmischen Bewußtsein, wo man das Ätherische von sich nun von dem Kosmos aus noch einmal überschaut, wo man zurückblickt auf dasjenige, was man durchlebt hat in seinem irdischen Lebenslauf. Und man lernt erkennen, was man nachher erlebt, und zwar so, daß sich anschließt an das Todesereignis ein Leben, das dreimal so schnell verläuft als das Erdenleben. Man lernte ja das kennen durch die Anschauung der nächtlichen Erlebnisse.

Man weiß, an die ätherische Anschauung, die nur kurze Zeit nach dem Tode dauert, schließt sich ein Leben an, das zwanzig, dreißig Jahre oder auch kürzer dauert, je nachdem der Mensch in seinem Erdenleben alt geworden ist. Ungefähr – das alles ist ja approximativ – dreimal so schnell als das Erdenleben verläuft dieses Leben. Ist also jemand dreißig Jahre alt geworden, so erlebt er dasjenige Leben, das ich jetzt meine, nach dem Tode dreimal so schnell, also in zehn Jahren. Ist jemand sechzig Jahre alt geworden, erlebt er rückwärts sein Leben, nach dem Tode, in zwanzig Jahren; aber alles approximativ genommen.

Das alles wird erkannt, wie durch eine Erinnerung eine durchlebte Tätigkeit erkannt wird, in der exakten Clairvoyance. Und so lernen wir erkennen, daß sich an unseren Tod ein übersinnliches Erleben anschließt, ein Erleben in der übersinnlichen Welt, welches ein Rückwärtserleben unseres ganzen Erdenlebens ist. Jede Nacht durchleben wir den vorhergehenden Tag. Nach unserem Tode erleben wir rückwärts verlaufend unser ganzes Erdenleben. Wir machen alles wieder durch. Und wir eignen uns, indem wir alles, was wir im Erdenleben durchgemacht haben, in einer geistigen Form wieder durchmachen, ein zutreffendes Urteil über unseren eignen moralischen Wert an.

Wir gliedern uns gewissermaßen durch diese Zeit, die wir nach dem Tode durchmachen, ein Bewußtsein ein von unserer moralischen Persönlichkeit, von unserem moralischen Werte, wie wir uns hier auf dieser Erde ein Bewußtsein aneignen von dem Leben im Fleische und im Blute. Wir leben nach dem Tode in demjenigen, was wir als moralischer Mensch hier auf Erden waren. Indem wir alle die Ereignisse wieder durchmachen, rückwärts verlaufend, und dadurch nicht mehr abgezogen sind von der moralischen Beurteilung durch unsere Instinkte, Triebe, Leidenschaften, sondern sie rein geistig überschauen, lernen wir ein zutreffendes, ein richtiges Urteil über unsere eigene moralische Qualität kennen.

Zu dieser Beurteilung ist diejenige Zeit notwendig, von der ich eben gesprochen habe. Haben wir diese Zeit nach dem Tode absolviert, dann schwindet das hin, was moralisches Innenleben ist, die Rückerinnerung an unseren moralischen Wert auf der Erde, und wir müssen weiterschreiten durch die geistigen Welten mit einem anderen Bewußtsein, das nun auch durch exakte Clairvoyance kennengelernt werden kann.

Da ist dann notwendig, daß der Mensch nicht nur leben lernt außerhalb seines Raumesleibes, sondern daß er leben lernt in einem ganz anderen Bewußtsein, als er es hier innerhalb der physischen Welt hat. Dann lernt der Mensch erkennen, wie sich anschließt an das Erleben seiner moralischen Qualität durch ein Drittel der Zeit seines vorangehenden Erdenlaufes ein übersinnliches, ein geistiges Erleben. Er lernt erkennen, was sich anschließt. Es schließt sich dann an ein anderes, ein rein geistiges Leben. Dazu muß aber erst die Möglichkeit gewonnen werden, daß die exakte Clairvoyance aufsteigt von dem gewöhnlichen Bewußtsein zu einem reinen, höheren Bewußtsein, und daß sie dieses höhere Bewußtsein voll beurteilen lernt.

So habe ich versucht, Ihnen zwei Zustände nach dem Tode zu schildern. Den dritten werde ich sogleich nachher schildern, wenn die bisherige Darstellung übersetzt ist.

Wenn Sie dieses Hineinschauen in das Rückwärtserleben während des Schlafzustandes ins Auge fassen, so wie ich es geschildert habe, so werden Sie sehen, daß in diesem Rückwärtserleben der Mensch zwar außerhalb seines physischen Raumesleibes ein Leben hat; er ist gewissermaßen außer sich, neben sich. Aber dieses Leben ist, ich möchte sagen, so, daß man sich in ihm nicht bewegen kann. Man muß im Grunde genommen das ausführen, nur in der anderen Richtung, was man ausgeführt hat während des gewöhnlichen Bewußtseins am Tage. Und auch derjenige, welcher durch exakte Clairvoyance einen übersinnlichen Einblick in diese Erlebnisse erhält, von denen ich gesprochen habe, der fühlt sich wie hineingebannt in eine Welt, an die er sich erinnert im Tagesbewußtsein der Clairvoyance, aber in der er sich nicht bewegen kann, in die er eingespannt, gefesselt ist. Dasjenige, was man als einen dritten Zustand der höheren Erkenntnis und des höheren Lebens erringen muß, das ist die freie Bewegung in der geistigen Welt. Sonst kann man nicht eintreten in die Erkenntnis des rein geistigen, des rein übersinnlichen Bewußtseins.

Man muß hinzuerwerben zu der exakten Clairvoyance das, was ich bezeichnen werde als ideelle Magie; wohl zu unterscheiden von der unrichtigen Magie, die äußerlich ausgeführt wird, die mit vielem Scharlatanhaften verknüpft ist. Wohl zu unterscheiden davon ist dasjenige, was ich jetzt meine als ideelle Magie.

Unter dieser ideellen Magie verstehe ich das Folgende: Wenn der Mensch für das gewöhnliche Bewußtsein sein Leben überblickt, dann sieht er, wie er eigentlich mit jedem Jahr und mit jedem Jahrzehnt ein anderer geworden ist in einer gewissen Beziehung. Die Gewohnheiten haben sich, wenn auch langsam, so doch geändert. Gewisse Fähigkeiten hat man sich angeeignet, gewisse Fähigkeiten sind auch verschwunden. Wer sich ehrlich anblickt in bezug auf gewisse Fähigkeiten des Erdenlebens, der kann sich jeweilig sagen, daß er ein anderer geworden ist. Aber das hat das Leben aus uns gemacht. Wir haben uns ganz hingegeben dem Leben, und das Leben erzieht uns, trainiert uns, bildet unsere Seelenformation aus.

Aber wer in die übersinnliche Welt erkennend eintreten will, wer mit anderen Worten ideelle Magie erwerben will, der muß nicht bloß seine Gedanken innerlich so intensiv machen, daß er ein zweites Dasein von sich dadurch erkennt, wie ich es geschildert habe, sondern er muß auch seinen Willen befreien von der Gebundenheit an den physischen Leib. Wir können unseren Willen im gewöhnlichen Leben nur in Bewegung bringen dadurch, daß wir uns unseres physischen Leibes, unserer Beine, unserer Arme, unserer Sprachwerkzeuge bedienen. Der physische Leib ist die Grundlage für unser Willensleben. Aber wir können folgendes machen, und das hat wiederum in ganz systematischer Weise derjenige durchzuführen, der als Geistesforscher zur ideellen Magie kommen will und diese hinzu erwerben will zu der exakten Clairvoyance. Er hat zum Beispiel einen so starken Willen zu entwickeln, daß er sich in einem bestimmten Zeitpunkt seines Lebens sagt: Du sollst dir eine bestimmte Gewohnheit abgewöhnen, und dafür eine andere deiner Seele einverleiben.

Man wird, wenn man energischen Willen angewendet hat, manchmal Jahre brauchen, um sich in dieser Beziehung ganz umzuwenden für gewisse Erlebnisformen, aber man kann das. Man kann sozusagen nicht bloß das Leben durch den physischen Leib sich Erzieher sein lassen, sondern man kann diese Erziehung, diese Selbstzucht nun auch selbst in die Hand nehmen.

Durch solche energischen Willensübungen, die ich wiederum in den genannten Büchern beschrieben habe, gelangt derjenige, der im modernen Sinne ein Eingeweihter, ein Initiierter werden will, dazu, nun nicht bloß das nachzuerleben im Schlafe, was er am Tage erlebt hat. Er gelangt dazu, Zustände herbeizuführen, die nicht Schlaf sind, die bei voller Besonnenheit erlebt werden, und die ihm aber dennoch die Möglichkeit bieten, während er schläft, beweglich zu sein, etwas zu tun, so daß er außerhalb seines Leibes nicht bloß passiv ist, wie das beim gewöhnlichen Bewußtsein der Fall ist, nicht bloß passiv ist in der geistigen Welt, sondern handeln kann in der geistigen Welt, tätig sein kann in der geistigen Welt. Der Mensch bringt sich sonst während seines Schlafzustandes nicht weiter. Derjenige, der in diesem Sinne ein moderner Initiierter wird, der trägt die Fähigkeiten, tätig zu sein, zu handeln, in sein Wesen als Mensch auch für das Leben hinein, das zwischen dem Einschlafen und Aufwachen erlebt wird. Und wenn man so den Willen in das menschliche Wesen hineinträgt in dem Zustande, in dem dieses Wesen außerhalb des Leibes lebt, dann gelangt man dazu, ein ganz anderes Bewußtsein in sich auszubilden: dasjenige Bewußtsein, das nun wirklich schauen kann, was der Mensch erlebt in der Zeit, die sich an die geschilderte nach seinem Tode anschließt. Und da erlebt man tatsächlich durch dieses andere Bewußtsein die Möglichkeit, hineinzuschauen in unser nachirdisches Erdenleben ebenso wie in unser vorirdisches Erdenleben. Man schaut hinein, wie man ein Leben durchlebt, welches ebenso eine geistige Welt durchläuft, wie das physische Erdenleben eine physische Welt durchläuft. Man lernt sich erkennen als reiner Geist in einer geistigen Welt, wie man sich hier, innerhalb der physischen Erde, als physischer Leib innerhalb der physischen Welt erkennt. Und es bietet sich einem nun die Möglichkeit, auch ein Urteil darüber zu bekommen, wie lange dieses Leben, ich möchte sagen, nach der moralischen Bewertungszeit, die ich früher geschildert habe, dauert.

Indem man nämlich auf diese Weise den Willen durch ideelle Magie in sein Seelenleben hineinträgt, lernt man dieses Bewußtsein, das man als erwachsener Mensch hat, erkennen und in der richtigen Weise zu vergleichen mit dem dumpfen Bewußtsein, das man in der ersten Zeit seines Erdenlebens als kleines Kind, als Säugling gehabt hat.

Sie wissen, daß das gewöhnliche Bewußtsein sich nicht an diese allerersten Jahre der Kindheit zurückerinnern kann. Da lebt der Mensch wie in einem dumpfen Bewußtsein; wie schlafend lebt er sich herein in die Welt. Und unser gewöhnliches Bewußtsein als Erwachsener ist hell und intensiv und durchleuchtet, eben gegenüber diesem dumpfen, finsteren Bewußtsein, in das wir zurückblicken und das wir gehabt haben, während wir die erste Lebenszeit hier auf Erden durchmachten. Aber derjenige, der in der geschilderten Weise zur ideellen Magie aufsteigt, der lernt den Unterschied erkennen zwischen seinem gewöhnlichen Wachbewußtsein als erwachsener Mensch, und diesem dumpfen Kindheitsbewußtsein. Er lernt gewissermaßen erkennen, daß er wie über eine Stufe heraufsteigt von dem dumpfen Kindesbewußtsein zu dem helleren Bewußtsein als Erwachsener. Und aus dem Verhältnis, das er ja kennt, zwischen dem kindlichen Bewußtsein, das wie ein Traumbewußtsein ist, und seinem Bewußtsein während der Erwachsenheit, aus diesem Verhältnis lernt er auch beurteilen das andere Verhältnis zwischen seinem Bewußtsein als Erwachsener und jenem durchleuchteten Bewußtsein, in das er nicht nur exakte Clairvoyance, sondern ideelle Magie hineingetragen hat, so daß er sich in der geistigen Welt jetzt frei bewegen kann.

Ich möchte sagen, wir lernen uns in der geistigen Welt frei bewegen, geradeso wie wir uns als Körper haben frei bewegen gelernt während des physischen Erdenlebens aus der Kindheit heraus, wo wir uns nicht bewegen konnten. Man lernt also hinzu erkennen zu dem Verhältnis, das man von der ersten Kindheit zu dem gewöhnlichen Bewußtsein hat, das andere Verhältnis des erwachsenen Bewußtseins zu einem höchsten, rein geistigen Bewußtsein.

Dadurch aber lernt man auch erkennen, wie man nicht nur in dem nachirdischen Leben, nach dem Tode, ein Geist ist unter Geistern, mit denen man zusammen arbeitet, sondern man eignet sich auch ein Urteil darüber an, wie lange dieses geistige Leben unter geistigen Wesenheiten dauert. Wiederum müßte ich das Beispiel von dem Erinnern an ein gewöhnliches Erlebnis anführen. Man sieht ein: Wie die Erinnerung in sich vergangene Wirklichkeit trägt, so trägt dasjenige, was man jetzt erlebt, in sich ein richtiges Urteil darüber, daß man in dem höheren Bewußtsein des Initiierten nicht etwas hat, was eine eigene Bedeutung hat, sondern etwas, was hinweist auf das Leben als Geist unter Geistern nach dem Tode. Und man lernt erkennen, wie sich dieses rein geistige Leben zu dem Erdenleben verhält, das man hier zwischen Geburt und Tod durchgemacht hat.

Sieht man nämlich als Initiierter zurück auf sein allererstes Kindheitsleben, so weiß man, es wird einem immer leichter möglich, in die geistige Welt hineinzuschauen, je älter man wird. Gewiß, es gibt verhältnismäßig jugendliche Personen, die gut hineinsehen können in die geistige Welt. Aber exakter und klarer wird dieses Hineinschauen mit jedem Jahre, mit dem man älter wird. Man erlangt immer mehr und mehr die Fähigkeit, in dieses andere Bewußtsein hinüberzugehen; dadurch lernt man erkennen, wie sich ein Bewußtsein zu dem anderen verhält. Man lernt folgendes erkennen: Man ist zum Beispiel vierzig Jahre alt geworden und man hat ja nur die Möglichkeit, sich zurückzuerinnern, sagen wir, bis zu seinem dritten, vierten Jahre. Man betrachtet diese Verhältnisse, wievielmal die vierzig Jahre mehr sind, als das unbewußte traumhaft kindliche Bewußtsein. Man lernt erkennen, wie das Leben im Geiste nach dem Tode ebensovielmal länger sein wird, als dieses Erdenleben im ganzen länger ist als das Leben als kleines Kind im traumhaften Zustande; das erstreckt sich auf viele Jahrhunderte. So daß sich anschließt an das Nacherleben des moralischen Zustandes ein rein geistiges Leben des Menschen als Geist unter Geistern, das nach Jahrhunderten dauert. In diesem Erleben hat der Mensch die Aufgaben der geistigen Welt ebenso um sich, wie er hier im Erdenleben die Aufgaben der physischen Welt um sich hat.

Aber diese Aufgaben, die zeigen sich für jene exakte Clairvoyance, die unterstützt wird von dem, ich möchte sagen, Herumwandeln in der geistigen Welt, durch ideelle Magie, sie zeigen sich dadurch, daß aus dem Wesen der geistigen Welt, in der man nach dem Tode lebt, alles dasjenige an Kräften herausgearbeitet wird, was dann hinführt zu einem folgenden Leben auf der Erde. Dieses folgende Leben auf der Erde steht einem als Ziel bevor, vom Anfange an des Lebens nach dem Tode. Und dieses Leben auf Erden im Menschen ist ja ein wirklicher Mikrokosmos. Dieser Mikrokosmos wird herausgearbeitet aus einem gewaltigen Erleben in der geistigen Welt nach dem Tode.

Sehen Sie, wenn man hier in der physischen Welt von einem Keime spricht, dann ist der Keim klein und entfaltet sich; nachher wird er eine große Pflanze oder ein großes Tier. Ich könnte auch von einem Geistkeim sprechen, den der Mensch ausbildet nach seinem physischen Leben auf Erden, nach dem Tode. Er arbeitet im Zusammenhang mit geistigen Wesenheiten aus den Geistkräften der Welt einen Geistkeim heraus für sein späteres Erdenleben. Und dieses Erarbeiten ist nicht etwa eine Wiederholung des Erdenlebens, sondern das schließt Betätigungsweisen, Wesenhaftes in sich, das größer und gewaltiger ist, selbstverständlich, als all das, was auf Erden erlebt werden kann. Das Zubereiten des künftigen Erdenlebens unter den Erfahrungen der geistigen Welt, das ist es, was der Mensch zunächst für sich erlebt im nachirdischen Leben.

Und dazu kommt, daß ja das kosmische Bewußtsein auftritt, wie ich es geschildert habe. Dadurch, daß in dem einen Menschen das kosmische Bewußtsein auftritt, und in dem anderen Menschen ebenso, ja, dieses kosmische Bewußtsein allnächtlich schon vorhanden ist, wenn auch in einem dumpfen Zustande, so daß es kein wirkliches Bewußtsein ist, sondern – wenn ich den paradoxen Ausdruck gebrauchen darf – ein unbewußtes Bewußtsein ist, dadurch leben die Menschen, indem sie als geistige Wesen leben, nicht nur mit anderen geistigen Wesenheiten zusammen, die niemals auf die Erde kommen, sondern eben in der reinen Geisteswelt wohnen; sie leben vielmehr dadurch auch mit all den Seelen zusammen, die entweder in physischen Menschenleibern verkörpert sind, oder aber, die selbst durch die Pforte des Todes gegangen sind und dasselbe durchmachen wie sie: durchmachen das kosmische Bewußtsein, das alle gemeinsam haben.

Und es ist wirklich so, daß dasjenige, was sich hier angesponnen hat auf Erden von Seele zu Seele, in der Familie, unter Menschen, wo wir uns gefunden haben dadurch, daß wir uns in physischen Menschenleibern begegnet sind, wir uns dadurch aber auch als Seelen gefunden haben, es ist so, daß wir das alles, was wir hier auf Erden gefunden haben, dann abgelegt haben; was wir erleben als Liebende, was wir erleben als Freunde, als uns sonst nahestehende Menschen, was wir erleben durch unsere physischen Erfahrungen im physischen Leibe, das streifen wir ab, das legen wir ab, ebenso wie wir diesen physischen Leib selber ablegen. Aber dadurch, daß wir hier Verhältnisse des Familienhaften, der Freundschaft, der Liebe entwickelt haben, pflanzt sich das geistig fort durch die Pforte des Todes hinein in jene Geist-Erlebnisse, die ein späteres Leben aufbauen. Und wir arbeiten nicht nur für uns allein, sondern wir arbeiten – sogar schon in der Zeit, wo wir die moralische Beurteilung unseres vergangenen Lebens haben – mit den Menschenseelen zusammen, die uns hier wert und lieb geworden sind in der Welt.

Das alles wird durch exakte Clairvoyance und durch ideelle Magie nicht nur etwas, was dem Glauben unterliegt, sondern es wird eine wirkliche Erkenntnis. Es dringt herein in das unmittelbare Anschauen des Menschen. Ja, wir können sogar sagen: Hier in der physischen Welt ist ein Abgrund zwischen den Seelen, auch wenn sie sich noch so lieb haben, denn sie begegnen sich innerhalb ihrer Körperhaftigkeit, und sie können nur in solche Wechselverhältnisse treten, die durch körperliche Beziehungen vermittelt sind. Aber wenn der Mensch selber in der geistigen Welt ist, dann ist nicht einmal das der Fall, daß der physische Leib, der hier einem zurückgelassenen geliebten Wesen eigen ist, ein Hindernis ist, um mit seiner Seele zusammen zu leben. So wie man sich aneignen muß für das Hineinschauen in die geistige Welt die Fähigkeit, durchzuschauen durch irdische Gegenstände, wie ich es geschildert habe, so hat derjenige, der durch die Pforte des Todes gegangen ist, Gemeinschaft durch den Körper hindurch mit den Seelen, die er hier als ihm nahestehende zurückgelassen hat. Er erlebt sie auch noch, solange sie auf der Erde sind, bis zu ihrem eigenen Tode, als Seelen.

Das möchte ich zunächst heute im Beginne dieser drei Vorträge gesagt haben über dasjenige, was Einsichten geben kann in das wirkliche übersinnliche Leben des Menschen. Ich möchte darauf hingewiesen haben, daß dadurch, daß exakte Clairvoyance und ideelle Magie angestrebt werden, tatsächlich in solcher Weise – wissenschaftlich erkennend – über die höheren Welten gesprochen werden kann, wie durch die exakte Naturerkenntnis über die Sinneswelt gesprochen werden kann. Und man wird sehen, indem man sich immer mehr und mehr einleben wird – denn Menschen werden schon da sein, die ihre Fähigkeiten entwickeln werden, um sich in diese Welten einzuleben –, man wird sehen, daß keine Wissenschaft, so vollkommen sie sich auch entwickelt hat, ein Hindernis dafür sein kann, das anzunehmen, was mit echter wissenschaftlicher Gesinnung durch exakte Clairvoyance und durch ideelle Magie an Erkenntnissen dem Menschen gegeben werden kann über das, was er durchmacht, nicht nur hier auf dieser Erde zwischen Geburt und Tod, sondern auch zwischen dem Tode und einer neuen Geburt bis zu einem Wiederkehren in einem Erdenleben.

Wie diese wiederkehrenden Leben sind und inwiefern sie ein Ende erreichen, davon will ich dann morgen sprechen, wenn ich mir gestatten werde, darzustellen, welche Beziehung das Christus-Ereignis, das Ereignis von Golgatha hereingebracht hat in das menschliche Erdenleben.

Da werde ich zu zeigen haben, daß diejenige Erkenntnis, von der ich gesprochen habe, insofern sie den Menschen als einzelnen angeht, hinleuchtet auf die ganze Entwickelung des Menschengeschlechtes durch das Leben der Erde, und dadurch auch hinleuchten kann auf dasjenige, was eigentlich durch den Eintritt des Christus in das Erdenleben für die Menschheit geschehen ist.

Und so soll gezeigt werden durch diese Vorträge auf der einen Seite, daß man nicht gegen die heutige exakte Naturwissenschaft zu gehen braucht, wenn man von übersinnlichen Erkenntnissen spricht. Und das soll der Gegenstand des morgigen Vortrags sein, daß auch das für das Erdenleben der Menschheit wichtigste Ereignis, das Christus-Ereignis, in einer neuen Gestalt, in einer leuchtenderen Gestalt, vor die menschliche Seele tritt, wenn diese menschliche Seele sich bereit erklärt, anzunehmen die hier gemeinten Erkenntnisse der übersinnlichen Welt.

Die Beziehung der anthroposophischen Geisteswissenschaft zum Christentum zu erörtern, wird dann meine Aufgabe morgen sein.

CHRISTUS VOM GESICHTSPUNKTE DER ANTHROPOSOPHIE

Zweiter Vortrag, London, 18. November 1922

Von zwei Seiten, unter manchem anderen, erheben sich gerade in der Gegenwart Gegnerschaften gegen dasjenige, was ich anthroposophische Geisteserkenntnis nenne. Die eine Gegnerschaft habe ich gestern mit einigen Worten berührt. Es ist die naturwissenschaftliche, welche der Anschauung ist, daß übersinnliche Erkenntnisse von der Art, wie ich sie gestern dargestellt habe, überhaupt für die menschlichen Erkenntniskräfte nicht zu erringen sind. Und so wird denn Anthroposophie von dieser Seite vielfach als etwas Unmögliches dargestellt.

Eine andere Gegnerschaft soll uns heute mehr beschäftigen. Es ist die, welche von Persönlichkeiten ausgeht, welche die Empfindung haben, daß Anthroposophie ihnen und manchen ihrer Mitbekenner das Verhältnis zu dem Christus nimmt. Solche Persönlichkeiten sind zum großen Teil in ihrer Art außerordentlich fromme Christen, und gerade aus der Frömmigkeit ihrer Seele heraus kommen sie zu dieser Gegnerschaft. Sie finden vor allen Dingen, daß das Verhältnis des Menschen zum Christus gewonnen werden soll durch die einfache, naive Frömmigkeit des Herzens und der Seele. Sie finden, daß alles das, was in erkenntnismäßiger Weise von dem Christus sprechen will, nur verwirrend wirkt für die einfache, naive Herzensfrömmigkeit, und sie möchten am liebsten, daß das Streben nach dem Christus, aus ihrem einfachen menschlichen Herzen heraus, nicht gestört werde – bei niemandem – dadurch, daß auch über den Christus in erkenntnismäßiger Weise irgend etwas erstrebt wird.

Was sich an Empfindungen bei diesen Menschen ergibt, das ist gewiß wohl zu beachten. Aber dennoch sind solche Menschen gerade der Anthroposophie gegenüber in einem starken Irrtum befangen. Und wenn sie das Richtige erkennen würden, so würden sie finden, daß gerade der sichere Weg, den sie zu dem Christus suchen, ihnen durch die Anthroposophie geebnet wird. Sie würden finden, daß alles, was sie in der einfachen Frömmigkeit ihres Herzens an Sehnsuchten zu dem

Christus hinzieht, im wesentlichen verstärkt wird durch all dasjenige, was die Anthroposophie über den Christus zu sagen hat.

Ich möchte Ihnen von verschiedenen Seiten aus das, was ich eben behauptet habe, klarlegen. Und die erste dieser Seiten soll eine Betrachtung dessen sein, was die Menschen zu den verschiedenen Zeiten der Menschheitsentwickelung auf Erden als ihr religiöses Leben, als ihr religiöses Bewußtsein empfunden haben.

Gehen wir in dieser Beziehung ein wenig in alte Zeiten der Menschheitsentwickelung zurück. Sie werden aus dem weiteren Fortgang meiner heutigen Darstellungen sehen, daß dieser historische Ausblick nicht überflüssig ist, sondern gerade manches, was von Mißverständnissen in der Gegenwart vorhanden ist, aufklären kann. Diese sehr alten Zeiten der Menschheitsentwickelung kann man allerdings nicht durch äußerliche historische Dokumente erreichen, sondern nur mit den Mitteln derjenigen Geisteswissenschaft, von der ich Ihnen gestern gesprochen habe; nur innerlich kann man sie erkennen durch ein solches Anschauen, wie ich es gestern als das Mittel dargelegt habe, um die übersinnliche Natur des Menschen und die übersinnlichen Schicksalserlebnisse des Menschen zu erschauen. Wenn wir in solche alten Zeiten zurückgehen, so finden wir, daß dazumal die Menschen auf diejenigen gehört haben, die Schüler der sogenannten Mysterien waren. Die alten Mysterien, von denen kaum irgendwelche äußerliche historische Dokumente vorhanden sind – denn was vorhanden ist, liegt so spät, daß es keine eigentlichen Einblicke in die Mysterien gibt –, diese alten Mysterien waren Geistesstätten der Menschheit, in denen Kunst, Religion und Wissenschaft *eines* waren. Und die großen Lehrer dieser Mysterien, welche die Gurus waren ihrer Schüler, sie genossen eine schier übermenschliche Verehrung. Und auf die Schüler solcher Mysterienlehrer hörte dann die weitere Menschheit hin, wenn sie die Bedürfnisse ihrer Frömmigkeit befriedigen wollte. Man nahm dasjenige auf, was in einem hingebungsvollen, verehrungsvollen Leben die Schüler der Mysterienlehrer sich als eine Einsicht in die Welt und ihre Ordnung errungen haben. Und ich möchte, um das zu beleuchten, was auch in der Gegenwart Frömmigkeit sein kann, was in der Gegenwart namentlich Christus-Verehrung sein kann, das Verhältnis eines solchen alten

Schülers zu seinem Guru, zu seinem Lehrer in den Mysterien, einmal ein wenig zeichnen.

Da begegnet uns zunächst eines: Diese Lehrer waren von denen, die ihr Wesen zu erkennen glaubten, angesehen als Menschen, deren Inneres erfüllt war von göttlicher Kraft selber. Menschen wurden in diesen Mysterienlehrern gesehen, in denen – wenn sie aus der Begeisterung ihrer Mysterienstätten und ihrem Opferkultus heraus sprachen – für ihre Schüler nicht der Mensch sprach, sondern durch menschlichen Mund die göttlichen Weltenmächte sprachen.

Das war keine sinnbildliche Vorstellung, sondern das war für jene alten Mysterienschüler eine durchaus reale Empfindung. Und Sie können sich denken, wie tief das Gefühl der Verehrung eines solchen Schülers für seinen Lehrer war, wenn er wußte, daß aus dem Lehrer nicht ein Menschliches, sondern ein Göttliches zu ihm spricht, daß aus dem Lehrer dasjenige zu ihm spricht, was er sein Göttliches nannte. Was uns heute paradox erscheint, was aber besonders charakteristisch ist für die Anschauung, welche die Schüler von den alten Mysterienlehrern hatten, das ist dieses, daß sie der Meinung waren: In noch älteren Zeiten der Menschheitsentwickelung, in jenen Zeiten, in denen die Erdenentwickelung ihren Anfang genommen hat, da seien göttlich-geistige Wesenheiten selber herabgestiegen auf die Erde, in der Art, wie das sein kann, in geistiger Art selbstverständlich. Und diese geistig-göttlichen Wesenheiten, die nicht einen menschlichen Leib angenommen haben, die sich aber dennoch durch die Mittel der geistigen Erkenntnis verständigen konnten mit den ersten Gurus, mit den ersten Mysterienlehrern, diese göttlich-geistigen Wesenheiten haben die erste Anweisung gegeben über dasjenige, was den Menschen gelehrt werden sollte als eine Lehre, die sie in den richtigen Zusammenhang bringen konnte mit der geistigen Welt. Und so meinte man, daß von Generation zu Generation das einstmals von den Göttern selbst den Menschen Überlieferte weitergepflegt worden ist und so auf die Schüler eines jeden Zeitalters gekommen ist.

Sie werden sagen: Das führt zu einer Erklärung des Ursprungs der Menschenweisheit in übersinnlichen Welten. – Aber wir berühren ja da ein Gebiet, wo selbst heute noch, wenn wir nur zum Beispiel an die

Erklärung denken, welche die Menschen über die Sprache haben, die Menschen sich durchaus unklar sind über den Ursprung des betreffenden Gebietes. Gewiß, es gibt Menschen, welche meinen, daß aus dem Tierlaut heraus, im Sinne der Darwinschen Theorie, sich die menschliche Sprache entwickelt habe. Aber es gibt, und hat, namentlich vor noch gar nicht langer Zeit, Menschen gegeben, welche auch der Sprache einen göttlichen Ursprung zugeschrieben haben.

Nun, ich will mich nicht weiter verbreiten über das, was hier wirklich zugrunde liegt, denn das würde heute zu weit führen. Uns mag ja genügen: was die eigentlich frommen Gefühle bei den Guruschülern bildete, war die Meinung, daß das, was sie von den Lehrern hörten, einmal der Menschheit von den Göttern selber überliefert worden ist.

Und zu welchem Ziele sollte eine solche Schülerschaft führen? Nun, eine solche Schülerschaft bestand ja darinnen, daß zunächst, aus dem unendlich starken Gefühl der Verehrung und Anhänglichkeit zum Guru, der Schüler mit demjenigen, was ihn mit den geistigen Welten verband, ganz hingegeben sein sollte an seinen Lehrer. Er sollte gewissermaßen diesen Lehrer als den einzigen Strom betrachten, durch den das Göttliche zu ihm dringt. Alles, was ein solcher Schüler an sich hatte, was er in seiner Seele entwickelte, von dem sagte er sich: Ich verdanke es dem Lehrer. – Und der Lehrer gab ihm vor allen Dingen Anweisungen; erstens über die Führung der Gedanken. Die Gedanken sollten so geführt werden, daß der Mensch denken lernte, indem er nicht hinsah auf die Sinneswelt, sondern indem er das Gemüt durch diejenige Kraft, die der Guru, der Lehrer, wie in einer erlaubten Suggestion in seine Seele selber pflanzte, indem der Schüler all seine Gedanken nach dem Übersinnlichen hinwendete. Während sonst die Gedanken gewissermaßen in der Sinnesbeobachtung anstoßen an die äußeren Dinge – wir denken den Tisch, das heißt: unser Gedanke stößt an den Tisch an; wir denken den Baum: der Gedanke wird durch den Baum aufgehalten, er stößt an den Baum an –, sollten durch den Einfluß des Guru die Gedanken durchsichtig werden, so daß der Schüler nichts sah, was in der Welt ist, sondern daß er durch die Gedankenschau in jene Welten hineinsah, welche ich gestern Ihnen aus der modernen Initiationswissenschaft heraus beschrieben habe, in die übersinnlichen Welten. Der Schüler sollte diese übersinnlichen Welten auch erleben. Dazu wurden ihm Anweisungen gegeben in bezug auf die Sprache. Wenn wir im gewöhnlichen Leben sprechen, dann teilen wir Gedanken, die wir entweder selbst haben, oder die wir erhalten haben, einem anderen mit. Kurz, dasjenige, was in unsere Sprache einfließt, das lebt auf der physischen Erde. Der Guru gab seinem Schüler mantrische Sprüche, die in einer halb rezitativen, halb gesprochenen Art den Schüler dazu bringen sollten, lebensvoll in seiner Sprache nicht nur dasjenige, was die Worte bedeuten, zu hören, sondern die ihn dazu befähigen sollten, in dem hinströmenden Satze die göttliche Weltenströmung selber zu erleben. Der Satz sollte so ausgesprochen werden, daß sein menschlicher Inhalt bedeutungslos ist, daß aber in dem Satze hinströmt dasjenige, was als Göttliches in der Welt und im Menschen lebt. So sollte der Schüler durch die Gedanken, die ihm durchsichtig wurden, das Göttliche sehen. Er sollte durch die mantrischen Sprüche nicht dasjenige hören, während er sie rezitierte, was in ihrer Bedeutung liegt, sondern die durch sie dahinströmende göttliche Kraft selber sollte durch dasjenige, was im Opfer lag, zu den Handlungen hingeführt werden. Er sollte durch das, was im Opfer lag, seinen Willen nach dem Göttlichen hin richten, seinen Willen und seine ganze menschliche Persönlichkeit. Die Opferhandlungen waren vielfach damit verknüpft. Sie können es heute noch an der Buddha-Stellung sehen; Sie können es daran sehen, daß die menschlichen Gliedmaßen nicht in eine solche Lage gebracht wurden, wie sie zu äußeren irdischen Verrichtungen geeignet sind, sondern in solche Lagen, daß sie ungeeignet für irdische Verrichtungen sind, daß der Mensch daher schon durch die Haltung, die Stellung seiner Gliedmaßen, aus dem Irdischen ganz herausgehoben ist, und dadurch auch mit seinen im Geiste sich vollziehenden Handlungen zu dem Göttlichen hingelenkt ist.

Was sollte mit alldem erreicht werden? Nun, das Gemüt, die Seele des Schülers sollte das, was auf der Erde als Böses, als Sündhaftes, als Abfall von dem Göttlichen von den Menschen verrichtet wird, durch diese dreifache Hinlenkung ihrer selbst zu dem Göttlichen hinaufheben, hinaufströmen lassen in diejenigen Welten, welche die übersinnlichen sind, und die ich Ihnen gestern beschrieben habe. Ich habe Ihnen gestern beschrieben, daß man auch mit der neueren Initiationswissenschaft eindringen kann in diejenigen Welten, in denen der Mensch als geistig-seelisches Wesen lebt, bevor er sein Erdendasein antritt, aus denen er heruntersteigt, um sich mit dem Leib zu verbinden, der ihm durch Vater und Mutter gegeben wird, und in die er wiederum zurückkehrt, wenn er durch die Pforte des Todes gegangen ist, um ein weiteres Erdenleben da vorzubereiten, wie ich es gestern beschrieben habe. Daß nicht nur der betrachtende Blick des Schülers hinaufgelenkt werde in die übersinnlichen Welten, sondern daß in dem Schüler eine Kraft entstehe, eine Kraft des gebetartigen Denkens, eine Kraft des mantrischen Rezitativs, in dem das Göttliche strömte, eine Kraft der Hingebung von Opferhandlungen, daß in dem Schüler eine große Kraft entstehe, welche dasjenige, was hier auf der Erde sündhaft ist, hinauflenkt in diese übersinnlichen Welten, das war der Zweck dieser göttlichen Lehrer in den alten Mysterien mit ihren Schülern. Und daß diese Schüler wiederum die anderen Menschen lehrten in dem Sinne, in dem sie selber erzogen wurden in diesen Mysterien, das bildete den zivilisatorischen Inhalt jener alten Zeiten.

Was war denn die Voraussetzung dazu, daß man überhaupt so etwas machte? Nun, die Voraussetzung war diese, daß der Mensch hier auf Erden in einer Welt lebt, die gegenüber der göttlichen eine solche ist, die den Menschen in seiner Wesenheit nicht voll umfaßt. So dachte sich der alte Guruschüler und so lehrte ihn der Guru: Diese Welt, in der du lebst zwischen Geburt und Tod, sie umfaßt zwar die anderen Naturreiche, die mit ihrem Wesen in ihr in einer gewissen Weise aufgehen; aber sie umfaßt nicht die tiefere Wesenheit des Menschen. Und dasjenige, was der Mensch vollziehen kann zwischen Geburt und Tod – wir wollen ganz absehen davon, daß es in vieler Beziehung als ganz sündhaft dargestellt wurde in alten Zeiten –, wurde jedenfalls so dargestellt, daß der Mensch sich zu sagen hatte: Dasjenige, was ich hier auf der Welt erleben kann zwischen Geburt und Tod, was ich verrichten kann, was ich vollziehen kann an Taten, das reicht nicht heran an mein volles Menschenwesen, denn mein volles Menschenwesen gehört den übersinnlichen Welten an. – Und in jenen alten Zeiten hatten alle, die Guruschüler waren, aus einem alten primitiven Hellsehen heraus, das sie sich nicht zu erwerben brauchten, das sie in jenen alten Zeiten der Menschheit als traumhaftes Hellsehen selber hatten, aus dem heraus hatten sie in gewissen Momenten ihres Lebens eine deutliche Einsicht davon, daß sie tatsächlich, bevor sie zur Erde heruntergestiegen waren, in einer übersinnlichen Welt lebten, daß sie nach dem Tode wiederum in eine übersinnliche Welt eingehen werden. Und so sagten sie sich: Wenn ich als Mensch nur das vollbringe und nur mit dem zusammenhänge, was hier auf der physischen Erde vorhanden ist und möglich ist, bin ich nicht ein ganzer Mensch. Ich muß meine Kräfte hinauflenken in die geistigen Welten. Ja, da auf der Erde sind sie nicht, aber droben. – So war ja die Vorstellung jener alten Mysterien, daß aus den Opferhandlungen, die vollbracht wurden in dem Zeichen der hellsichtigen Gedanken, in göttlich tönenden Mantrams der Opferhandlung selber, daß in dieser Strömung dasjenige von dem Irdischen in das Überirdische hinübergeleitet wird, was der Mensch hier auf der Erde in seinen Handlungen nicht in Ordnung bringen kann, was erst in Ordnung gebracht werden kann in übersinnlichen Welten, weil diese übersinnlichen Welten zu dem ganzen Menschen gehörten.

Und das sagten und lehrten in einer sehr tatsächlichen Weise die alten Guru ihren Schülern: Wenn der Mensch nun durch die Pforte des Todes tritt, da weiß er, wie das, was er hat auf Erden vollbringen können, nicht genügt für sein volles menschliches Wesen, wie beim Durchgang durch die geistige Welt nach dem Tode ein Ausgleich stattfinden muß, wie dasjenige, was auf Erden schlecht gemacht werden kann, nur unvollkommen gemacht werden kann, unweise gemacht werden kann, wie das seinen Ausgleich finden muß.

Und nun, unter all den Erkenntnissen, die man auf die gestern geschilderte Art über die übersinnlichen Welten gewinnt, ist auch diejenige, daß man erkennt, wie das, was auf der Erde unvollkommen bleibt, in der übersinnlichen Welt in die Vollkommenheit hineingetragen werden kann.

Das war aber anders für jene alten Zeiten der Mysterien, und muß, wie wir gleich nachher sehen werden, heute anders werden. In jenen alten Zeiten lernten die Guruschüler von ihren Lehrern: Wenn der Mensch durch die Pforte des Todes in die übersinnliche Welt tritt, dann tritt ihm in einer gewissen Zeit ein hohes geistiges Wesen entgegen; dieses hohe geistige Wesen, das hat seinen äußeren Ausdruck in der Sonne und ihrem Erscheinen. – Daher nannten diese alten Mysterienweisen dieses Wesen das hohe, göttliche Sonnenwesen. Und so wie man den Menschen hier auf der Erde ansieht in seiner äußeren Physiognomie und sich sagt, daß in ihm sich die Seele ausdrückt durch die Physiognomie, durch die Mimik, so sahen die alten Menschen hin auf die Bewegungen der Sonne, auf die Erscheinungen auf der Sonne. Und sie sahen darinnen den physiognomischen Ausdruck, den äußeren Abglanz in bezug auf die Mimik in der Bewegung der Sonne; in dem Walten der Sonne sahen sie die Geste für das hohe Sonnenwesen, dessen sie hier auf der Erde nicht ansichtig werden können, das ihnen aber begegnet, wenn sie durch die Todespforte gegangen sind, und das hilft das auf der Erde nur unvollkommen Errungene da vollkommen zu machen: Bauet in Herzensfrömmigkeit auf das hohe Sonnenwesen, damit ihr es findet, damit nach eurem Tode euer Unvollkommenes durch dieses Wesen, das ihr in geistigen Welten antreffen werdet, das ihr auf der Erde hier nicht treffen könnet, damit dieses Wesen euch hilft, in der rechten Weise durch die geistige Welt durchzugehen! – Nun, von diesem Wesen, das also alles Unvollkommene von den Menschen ins Gleichgewicht bringt, von diesem Wesen redeten so, wie ich es angedeutet habe, die alten Guru, die alten Lehrer.

Und als das Mysterium von Golgatha herankam, war allerdings die alte Mysterienweisheit schon im Verfallen. Es war wenig mehr von ihr vorhanden; aber es waren Traditionen vorhanden, es waren Reste vorhanden. Es waren Eingeweihte in dem alten Sinne vorhanden, die noch mit derselben Hingebung, mit derselben Frömmigkeit, mit derselben Gläubigkeit festhielten an dem göttlichen Vater, der einstmals als Vatergott die göttlichen Sendboten auf die Erde geschickt hat, von denen die ersten Guru gelernt hatten. Und sie wußten, daß der große Trost des Lebens in alten Zeiten den Mysterienschülern gegeben worden ist dadurch, daß ihnen gesagt wurde: Nach dem Tode findet ihr das hohe Sonnenwesen, das alles Unvollkommene auf der Erde euch in das Vollkommene umzusetzen hilft, das hinwegnimmt von euch das drückende Bewußtsein, daß ihr eigentlich Abgefallene der göttlich-geistigen Weltenordnung seid. Dieses hohe Sonnenwesen aber, das mußte heruntersteigen auf die Erde, mußte in dem Menschen Jesus von Nazareth Menschheit annehmen und ist, seitdem der Tod des Jesus Christus auf Golgatha erfolgt ist, nicht mehr zu suchen in den übersinnlichen Welten, sondern ist zu suchen unter den Menschen.

So haben die Eingeweihten, die Initiierten, zur Zeit des Mysteriums von Golgatha und auch noch bis in das 3. Jahrhundert hinein gesprochen. So daß diese Eingeweihten denen, die auf sie hören wollten, sagen konnten: Was ihr als eigentliches heilendes Wesen ersehnt, das hatte die Menschheit der alten Zeiten. Das ist durch eine Gottestat heruntergestiegen auf die Erde, ist in einem Menschen erschienen und lebt seither in übersinnlicher Art innerhalb der Menschheitsentwickelung. – Und während die alten Schüler in die Mysterien hineingehen mußten und hinaufblicken mußten auf ihre Opferweihehandlungen, auf dasjenige, was der Kultus in ihnen anregte in übersinnlichen Welten, müssen die Menschen der neueren Zeit lernen, auf Erden *selbst* ein unmittelbares Verhältnis zu dem Christus-Wesen zu gewinnen, das heruntergestiegen ist und Mensch geworden ist wie andere Menschen.

Das war die Stimmung, welche von den Zeitgenossen des Mysteriums von Golgatha und noch von vielen Eingeweihten der ersten drei christlichen Jahrhunderte verbreitet worden ist, wovon allerdings die historischen Schriften wenig verkünden, weil man alles dasjenige, worinnen die Verkündigung gelegen hat, eigentlich ausgerottet hat. Aber durch diejenige Einsicht in die Weltenordnung, von der ich gestern gesprochen habe, kommt man darauf, daß solche Stimmung als die Christenstimmung der ersten drei Jahrhunderte unter denjenigen verbreitet war, die auf die damals noch vorhandenen Eingeweihten hören wollten, bis dann diese Christus-Stimmung verlorengegangen ist und heute wiederum erneuert werden muß. Davon will ich dann, nachdem dieses übersetzt ist, im zweiten Teil meiner Darstellungen reden.

So hatten die Menschen an dem Verhältnisse, das der Schüler zu seinem Lehrer entwickelte, aus diesem verehrenden, hingebungsvollen Verhältnisse allmählich gelernt, hinaufzuschauen zu dem Göttlichen. Und in dem Lehrer selbst, in dem Guru, wurde gesehen der Vermittler des Göttlichen, der gewissermaßen das Göttliche auf die Erde herunterströmen ließ, und hinwiederum die Frömmigkeit, die der Mensch hinaufschicken wollte in die geistige Welt, hinaufleitete. So war eine Summe von Gefühlen und Empfindungen da, welche durch Vererbung von Generation zu Generation in das menschliche Gemüt, in die menschliche Seele eingezogen ist. Und von denen, welche die ersten christlichen Lehrer geworden sind – von deren Innigkeit, von deren Verehrungsmöglichkeit heute nur wenige noch eine Ahnung haben –, von jenen ersten christlichen Lehrern ist diese Verehrung bei solchen, die auf sie hören wollten, nun hingelenkt worden, nicht zu Gurus im alten Sinne, sondern zu dem Christus, der aus den geistigen Welten heruntergestiegen ist und in dem Menschen Jesus von Nazareth eben Menschheit, Leib angenommen hatte.

Diese Summe von Gefühlen pflanzte sich nun zunächst fort, pflanzte sich durch Jahrhunderte fort und wurde hingeschickt zu demjenigen, von dem die äußere christliche Geschichte verkündete, daß er durch das Mysterium von Golgatha, daß er durch den Tod für die Menschen hindurchgegangen sei, damit die Menschheit ihn fortan auf Erden finden könnte.

Die neuere Initiationswissenschaft, von der ich Ihnen gestern hier gesprochen habe, sie dringt nun wiederum an dieses Christus-Mysterium heran, sie versucht wiederum nahezukommen dem Geheimnis von Golgatha. Warum ist das notwendig?

Allerdings, während durch das christliche Mittelalter ein Zug von Frömmigkeit und Religiosität ging, der wie die Fortsetzung war jenes Verehrungsstromes, den die Schüler der alten Gurus für diese Lehrer hatten, verglomm, dämmerte ab in der Menschheit immer mehr und mehr, was wie ein altes traumhaftes Hellsehen in alten Zeiten der Menschheitsentwickelung vorhanden war. Was da vorhanden war, das können wir durch anthroposophische Geisteswissenschaft durchaus auch außerhalb der historischen Dokumente feststellen: In jenen alten Zeiten hatten die Menschen die Möglichkeit, sich zu gewissen Zeiten in eine Art traumhaftes Hellsehen zu versetzen. Dadurch nahmen sie die Welt wahr, aus der sie selber heruntergestiegen waren zu ihrem irdischen Dasein. Aber dieses Wissen von dem Ewigen in der Menschenseele, das war allmählich der Menschheit verlorengegangen. Unter dem Einflusse dieses Wissens hätten nämlich die Menschen niemals sich das Gefühl der menschlichen Freiheit erringen können. Und dieses Gefühl der menschlichen Freiheit, das zur völligen Menschlichkeit gehört, sollte einmal einziehen in den Menschen. Und die Zeit, in der dieses Gefühl der menschlichen Freiheit eingezogen ist, war die des Mittelalters; sie war aber auch diejenige, wo jenes alte Bewußtsein hinabdämmerte, das nimmermehr hätte ein freies sein können. Denn wenn der Mensch hinschaute auf das, was der Mensch war als seelisches Wesen unter geistigen Wesen im vorirdischen Dasein, so fühlte er sich abhängig, fühlte sich nicht frei. Man möchte sagen: es kam eine Zeit der Abdämmerung des alten Hellsehens, und im Dämmerzustande gegenüber der geistigen Welt entwickelte die Menschheit ihr Freiheitsgefühl, das bis zu einem gewissen Kulminationspunkt gekommen ist in unserer modernen Zivilisation. Dadurch aber konnte ja die Menschheit nicht hineinschauen in jene übersinnlichen Welten, aus denen der Christus in den Jesus von Nazareth herabgestiegen ist. Und so wurde die Verehrung des Christentums zunächst eine traditionelle. Man verließ sich auf das, was historisch überliefert war, und man appellierte an dasjenige, was vererbt war an alter Guruverehrung. So konnte man zu dem göttlichen Wesen, welches durch das Mysterium von Golgatha gegangen war, alle menschliche Verehrung hinleiten, die der Mensch sich erworben hatte mit Bezug auf sein Verhältnis zu dem Göttlichen; aber indem der Mensch immer mehr und mehr in diesem Dämmerzustande des Bewußtseins ein Naturwissen ausbildete, wie es die alten Zeiten niemals gehabt haben, kam man immer mehr und mehr ab auch nur von der Ahnung, daß eine geistige Welt durch Menschenerkenntnis zu erringen ist.

Diejenige geistige Erkenntnis aber, von der ich Ihnen gestern gesprochen habe, sie ist eine wirkliche Fortsetzung der Naturerkenntnis. Und alles, was ich Ihnen gestern erzählt habe, was so an den Menschen herantritt, daß er durch Meditation, Konzentration hinaufgelangen kann mit seiner Erkenntnis in die geistige Welt, das entwickelt sich besonders stark, wenn man als moderner Mensch nicht haften bleibt an dem, was die Naturwissenschaft über die äußere Welt zu sagen hat, sondern wenn man innerlich ringt mit dem, was sie einem sagt, wenn man aufnimmt die Gedanken als durchaus exakt wissenschaftliche, dann aber sie mit seiner innersten Menschlichkeit vereinigen möchte. Dann tritt etwas auf, was zunächst unbestimmt ist: eine gewisse Stimmung, eine Verfassung der Seele. Nimmt man in diese herein das Meditieren, das Konzentrieren in der Gedankenwelt und in der Willenswelt, so wird die Seele hinaufgeleitet, so wie ich es gestern beschrieben habe, in die geistigen, in die übersinnlichen Welten. Und man erwirbt sich dadurch die Möglichkeit, zu verstehen, was das Übersinnliche ist. Man lernt von der Erde, über die einen die Naturwissenschaft so unterrichtet, hinwegschauen in eine übersinnliche Welt, die zur Erde hinzugehört, die insbesondere dann zur Erde hinzugerechnet werden muß, wenn man auf der Erde den Menschen verstehen will.

Und da entstehen dann im tiefsten Inneren des anthroposophischen Kämpfers Fragen von weittragendster Bedeutung. Und wenn er Antwort sucht auf diese Fragen, dann führen ihn die Antworten wiederum hin zum Verständnisse auch des Mysteriums von Golgatha.

Man hat auf der einen Seite gelernt, das Geistige zu schauen, nachdem man sein Bewußtsein hinweggeschoben hat von der Erde, nachdem man es erreicht hat, außerhalb des menschlichen Leibes wahrzunehmen, und sogar, wie ich gestern geschildert habe, zu handeln in ideeller Magie. Kurz, man hat gelernt in diesem leibfreien Zustande mit der Erkenntnis und mit dem Willen hineinzugehen in eine geistige Welt.

Wenn man dann, ausgerüstet mit diesem inneren Verständnisse der geistigen Welt, wiederum hinschaut zu dem Christus, zu demjenigen, was einem als das Mysterium von Golgatha unter den Erdenereignissen erscheint, dann bleibt man nicht stehen, wie so mancher moderne Theologe, bei dem Menschen Jesus von Nazareth. Denn man versteht nicht bloß im materialistischen Sinne dasjenige, was mit dem Mysterium von Golgatha geschehen ist, man versteht es so, daß man den Menschen Jesus von Nazareth mit dem göttlichen Christus durchdrungen erschaut, weil man sich angeeignet hat die Fähigkeit für das Geistige. Mit der Fähigkeit, das Geistige zu erkennen, gelangt man auch dazu, dieses Geistig-Göttliche in dem Christus wiederum zu schauen. So gelangt gerade diese jetzt moderne Theosophie, weil sie das Göttlich-Geistige wiederum in unmittelbarer Erkenntnis erlangt, dazu, durch die Erkenntnis dieses Geistigen gerüstet, hinschauen zu können auf den Jesus von Nazareth und in ihm wiederum den Christus, der nur als geistiges Wesen erkannt werden kann, zu erkennen. Mit der Erkenntnis, die man sich für Überirdisches erwirbt, gelangt man an den Christus heran, um in dem Christus selbst das Überirdische, das Göttliche in dem Gottmenschen zu schauen.

Die moderne Anthroposophie führt gerade durch volle Erfassung der geistigen Welt wiederum zu dem Christus hin. Und sie führt gerade dann zu ihm, wenn man sich in dieser Weise vorbereitet hat durch Anthroposophie. Um das völlig verständlich zu machen, möchte ich hinweisen, wie der moderne Mensch irrtümlich und richtig sich der geistigen Welt nahen kann. Sehen Sie, man möchte sagen, die heutigen Nachfolger derjenigen, welche einstmals unter dem Einflusse der Mysterien gestanden haben und in dem herabgedämmerten Bewußtsein der Menschheit, das aber hineinschauen konnte in gewisse Zustände des vorirdischen Daseins und in diesem herabgeminderten Bewußtsein in der Opferhandlung das Geistige hinaufströmen lassen wollte zum Göttlichen, die Nachfolger dieser alten Frommen sind heute Leute, die auf eine durchaus fragwürdige Weise mit der geistigen Welt in Beziehung treten wollen. Damals blieb bei den Frommen das äußere Seelenleben stehen im Seelischen, sie lenkten ihren seelischen Sinn hin in die überirdischen Welten. Diese fromme Stimmung hat sich als die christliche Stimmung bei jenen Frommen fortgepflanzt, von denen ich im Anfange meines heutigen Vortrags gesprochen habe und die bei dieser naiven Frömmigkeit stehenbleiben wollen. Naiv ist sie heute deshalb, weil der Mensch nicht mehr hineinschaut in das übersinnliche Dasein durch sein natürliches Bewußtsein, und weil der Mensch durch diese naive Frommheit nicht hinaufgeleitet wird wie die alten Guruschüler in die übersinnlichen Welten, sondern hier auf der Erde verbleibt in seinem physischen Leibe. Das ist ja das Charakteristische dieser naiven Frömmigkeit, daß sie bei den Gefühlen, bei den Empfindungen bleibt, bei der Empfindung, die die Seele hat, wenn sie sich in sich selber, in die eigene Menschlichkeit versenkt. Wenn sich der Mensch in die eigene

Menschlichkeit versenkt, dann kommt er allerdings dazu, zu wissen, daß in dem, was da unten im physischen Leibe ist, nicht bloß Fleisch und Blut ist, daß da allerdings Geistiges ist. Dieses Geistige, das der Fromme hinlenken will zu dem Göttlichen, will derjenige, der heute, ich möchte sagen, der unrichtige Nachfolger der alten Guruschüler ist, als mediale Persönlichkeit in Handlung umsetzen.

Was ist denn eine mediale Persönlichkeit? Eine mediale Persönlichkeit ist eine solche, welche das Geistige aus dem physischen Leibe sprechen, aus dem physischen Leibe schreiben läßt, oder auch auf eine andere Weise noch sich kundgeben läßt. Daß die Medien sich äußern, indem ihr Bewußtsein, aus dem sonst das Schreiben und Sprechen kommt, herabgedämmert ist, wie einst bei den Guruschülern der alten Zeiten, das beweist, daß der menschliche Leib nicht bloß der physische ist, daß aus ihm spricht ein Geistiges, aber ein mechanisches Geistiges, ein Geistiges untergeordneter Art. Diese medialen Persönlichkeiten, sie wollen das Geistige unmittelbar in ihrem Leib nicht nur erleben, sie wollen es auch offenbaren bei sich. Und es spricht tatsächlich ein Geistiges, das im Leibe wohnt, wenn das Medium spricht oder schreibt. Was ist die Eigentümlichkeit solcher medialer Persönlichkeiten mit ihrer Offenbarung in bezug auf das Göttliche? Die Eigentümlichkeit ist diese – Sie wissen es vielleicht –: sie werden redselig, sie werden schreibselig, sie schreiben gern, sie reden gern, aber sie mischen Unzähliges, das der gewöhnlichen Logik als fragwürdig erscheinen muß, hinein in das, was durch ihren Körper der Geist kundgibt. Diese medialen Persönlichkeiten sind gerade der Beweis, daß wir nicht auf die alte Art zurückgreifen dürfen zu der Verbindung mit dem Göttlich-Geistigen, daß wir eine andere Art suchen müssen.

Diese andere Art nun sucht die anthroposophische Geisteswissenschaft. Und vielleicht darf ich über diese andere Art gerade aus einem bestimmten Grunde heraus sprechen. Diese andere Art, sich der geistigen Welt zu nähern – wenn man in ganz sichtbarer Weise die naturwissenschaftlichen Ergebnisse ernst nimmt, wenn man sie hinnimmt als die großen Errungenschaften der neueren Zivilisation –, diese andere Weise, die kommt zunächst, indem sie sich den geistigen Welten nähern will, nur außerordentlich schwer dazu, ich möchte sagen, die Sprachorgane zu bewegen, ja auch nur die Gedanken zu hegen, oder gar in medialer Weise zu der Schrift zu greifen. Wenn man erfaßt wird durch die Meditation, durch die Konzentration von jenem Geiste in sich, von dem ich gestern gesprochen habe, ja, dann möchte man am liebsten zunächst stumm werden! Während die mediale Persönlichkeit redselig wird und das Geistige aus sich heraus durch die Sprachorganisation ertönen läßt, möchte man, wenn man als gewissenhafter, naturwissenschaftlich gebildeter Mensch für die übersinnliche Erkenntnis von dem Geiste ergriffen wird, wie ich es gestern geschildert habe, am liebsten zunächst stumm werden, nicht sprechen von jenem zarten Erlebnis, das sich in der Seele kundgibt. Ja man möchte sich sogar die Gedanken verbieten, weil man das Denken gelernt hat an den physisch-irdischen Dingen. Man möchte die Gedanken nicht laufen lassen, nicht strömen lassen in seiner Seele, weil man eine gewisse innere Ängstlichkeit hat, den Gedanken, den man an den äußeren physisch-sinnlichen Dingen heranzog, halb unbewußt auf das Geistige hinzuwenden, in das man durch jene innere Verfassung gelangt, von der ich gesprochen habe, weil man glaubt, daß dieses Geistige, indem man den Gedanken auf es anwendet, einem nicht nur entschlüpft, sondern daß man es profaniert, daß man es entstellt. Am allerwenigsten möchte man zum Schreiben übergehen, denn man weiß, daß in jenen alten Zeiten, in denen die Gottesverehrung in eine Tätigkeit übergeführt worden ist durch Opferhandlungen, durch die Einschaltung des menschlichen Leibes, nicht zum Schreiben gegriffen worden ist. Das Schreiben ist etwas, was erst mit dem auf die sinnlich-physische Natur gerichteten Intellekt und Verstand in die Menschheit eingezogen ist; das Schreiben findet man, indem man ergriffen wird von der Erkenntnis des Göttlich-Geistigen, zunächst als etwas, was man weit von sich wegschieben möchte. Und so wird man, indem man ergriffen wird von dieser Erkenntnisfähigkeit für das Göttlich-Geistige, für die übersinnliche Welt, zunächst erst innerlich stumm in bezug auf seine Gedanken; man wird stumm erst recht in bezug auf seine Sprache und in bezug auf dasjenige, was man irgendwie niederschreiben wollte über das Göttliche.

Ich sagte, daß ich gerade über diese Erfahrungen sprechen darf, denn diese Erfahrungen sind meine eigenen. Es sind solche, die ich wohl kennenlernte in derjenigen Entwickelung, die ich selber aus der Naturwissenschaft heraus durchgemacht habe, hin zum Begreifen der geistigen Welten, zum Erschauen der geistigen Welten, und hin zu dem Erschauen des Mysteriums von Golgatha durch diese geistigen Welten. Aber Sie werden auch verstehen, daß derjenige, der nun mit dieser modernen, anthroposophischen Geisteswissenschaft an das Mysterium von Golgatha herantritt, Schwierigkeiten hat. Das Mysterium von Golgatha muß erfaßt werden in seiner ganzen Majestät und Größe, wie es sich in der Geschichte der Menschheit offenbart. Man muß hinschauen lernen auf das historische Faktum, wie der Gott durch den Menschen Jesus von Nazareth durch den Tod gegangen ist auf Golgatha. Man muß in einem vollständig sinnenfreien Bilde anschauen das größte historische Ereignis. Aber eben gerade zu diesem sinnenfreien Erfassen desselben in Gedanken, zu dem Darstellen durch das Wort, zu dem Darstellen vielleicht gar durch die Schrift, ringt man sich in der Weise, wie ich es dargetan habe, außerordentlich schwer durch.

Was man sich aber aneignet auf diesem Wege, das ist: innerliche Ehrfurcht, innerliche Scheu vor dem großen Mysterium, das sich auf Golgatha abgespielt hat. Es gießt sich etwas aus über die Seele dessen, der in der Weise, wie ich es Ihnen geschildert habe, in seinen Gedanken und in seinen Worten stumm geworden ist, der nicht sich regen möchte, wenn das Göttlich-Geistige in ihm ihn hinzieht zu dem Mysterium von Golgatha. Es gießt sich aus über die Seele eines solchen das tiefste, ehrfurchtsvolle Fühlen: man möchte sich ihm nicht nahen. Und so wird aus dem, was der anthroposophische Weg ist, nicht nur etwas, was Erkenntnis ist. Erkenntnis ist es zuerst. Erkenntnis ist es im Hinaufschauen in die übersinnlichen Welten, aber es ergießt sich in das Fühlen, es wird scheue Ehrfurcht. Es wird etwas, was viel tiefer die menschliche Seele ergreift, als nur irgend dasjenige, was die Menschen jemals ergriffen hat, was der Schüler für seinen alten Guru fühlte. Und es bildet sich dieses Fühlen zuerst heraus als ein tiefstes Bedürfnis, zu erfassen den Christus Jesus auf Golgatha. Ganz wandelt sich durch eine innerliche Seelenmetamorphose dasjenige um, was zuerst übersinnliches Schauen ist, in das Fühlen. Und dieses Fühlen sucht den Gottmenschen auf Golgatha. Und es kann ihn finden, weil es gelernt hat das Geistige zu schauen. Es spricht nicht von dem Menschen Jesus von Nazareth, sondern es lernt erkennen diesen Menschen Jesus von Nazareth, aber es lernt auch erkennen, daß in ihm innerhalb des Erdenlebens der Christus als geistig-göttliche Wesenheit wirklich zu schauen ist. So strömt aus anthroposophischer Geisteswissenschaft Erkenntnis des geistigen Christus, so strömt aber auch dem Göttlichen gegenüber jene wahre Verehrung aus, durch das, was in der Erkenntnis des Übersinnlichen leben kann.

Wie das dann zur Befruchtung des Christentums führen kann, das lassen Sie mich noch in dem kurzen dritten Teil darlegen, nachdem der zweite Teil übersetzt ist.

Gerade derjenige, welcher in der geschilderten Weise zunächst, wenn die übersinnliche Erkenntniskraft ihn ergreift, in Gedanken und Worten stumm werden möchte, der sich seines Organismus nicht bedienen möchte, um das zu äußern, was in ihm lebt, gerade der erlebt beim Übergange – indem er sich entschließt, über dasjenige, was in seinem Inneren lebt, auch äußerlich zu reden – etwas, das ihn berechtigt, von der Geistnatur des Christus Jesus zu sprechen. Was man bei diesem Übergange erlebt, wenn man sich zu dem Entschluß aufrafft: du denkst nun doch in Gedanken das Geistige, du sprichst über das Geistige, du schreibst über das Geistige, was man da erlebt, das ist: daß man für alles Sprechen und Denken dieses Geistigen sich aus dem physischen Leibe herausgehoben fühlt. Dann kann man eben nicht denken, nicht sprechen, denn zum Denken gehört der physische Leib, zum Sprechen gehört der physische Leib; man fühlt sich aber in einer gewissen Weise seinem physischen Leibe entfremdet. Während die mediale Person sich ganz drinnen fühlt im physischen Leibe, das Bewußtsein sogar abtötet, um ganz im physischen Leibe nur zu leben und das Geistige sprechen zu lassen, hebt sich durch ein verfeinertes Bewußtsein, ein erhöhtes Bewußtsein derjenige, den ich jetzt meine als den übersinnlichen Erkenner, aus seinem physischen Leibe heraus. Die physische Welt wird durch all dasjenige, was er als geistige Welt erlebte, für ihn so, daß er sie außerordentlich schwer ergreifen kann: er findet nicht seine Sprache, nicht die naive Tätigkeit seines Denkens, er findet nicht seine

Arme, er findet den ganzen physischen Leib nicht. Man muß das Erlebnis durchmachen, erst wiederum diese physische Welt, erst wiederum die Gedanken und die Sprache zu finden für das, was man in der übersinnlichen Welt erlebt. Das aber ist etwas, das einen in die Lage bringt, wie wenn man sich das Leben neuerdings, ein zweites Mal, erobern müßte, wie wenn man durch eine selbstgeschaffene Geburt durchschreiten müßte. Das aber lehrt einen auch kennen die Tiefen des Menschenwesens. Denn indem man dieses Menschenwesen zum zweiten Mal erfaßt, um es zum Instrument des Denkens und Aussprechens des Geistigen, des Übersinnlichen zu machen, lernt man es kennen. Und man lernt es jetzt so kennen, daß man in derselben Art übersinnlich, wie die übersinnliche Erkenntnis ist, von der ich gestern und heute gesprochen habe, nun weiß: dringt man durch übersinnliche Erkenntnis in seinen Organismus ein, so findet man auch da den Christus, indem dieser durch das Mysterium von Golgatha gegangen ist. Und man hat jetzt erfaßt nicht nur den einmal auf die Erde herabgestiegenen, durch den Tod durchgegangenen Christus, man hat den Christus erlebt, der deshalb durch den Tod gegangen ist, um fortan in die Menschheit, die ganze Menschheit sich auszugießen, so daß der Mensch ihn finden kann, wenn er tief genug in sich hinuntersteigt. Das erlebt der in der übersinnlichen Erkenntnis seinen Leib noch einmal und jetzt fester Erfassende. Und was er so sich an Christus-Erkenntnis erwirbt, das kann er dann allerdings in jene Worte kleiden, welche in sich enthalten eine wahre Botschaft von dem Christus. Denn er weiß es: der Christus ist auf Golgatha gestorben, der Christus hat sich durch den Tod ausgegossen in die Geburtskräfte des Menschen, er lebt seither in den menschlichen Wesen. Die können ihn finden, wenn sie tief genug in sich hineingehen. Der also modern Initiierte weiß, daß das Pauluswort eine tiefe Wahrheit hat: «Nicht ich, sondern der Christus in mir.» Den Christus in mir finde ich, wenn ich tief genug in meine Menschheit hineinsteige.

Dann aber braucht der Eingeweihte nicht etwa lauter Eingeweihte zu machen, um Christen zu machen, sondern dann findet er die Möglichkeit, mit dieser Christus-Erkenntnis ausgerüstet, die neuen Wege auch für die primitive, einfache Frömmigkeit zu finden. Diese einfache, primitive Frömmigkeit *kann* den Christus finden. Die Wege der heutigen Frömmigkeit, sie müssen allerdings etwas anders sein, wie die Wege der alten, zu den Füßen des Guru geoffenbarten Frömmigkeit. Diese muß eine innerliche sein, denn nicht mehr soll der Mensch den Strom seines Empfindens für das Göttliche hinaufsenden in eine übersinnliche Welt, er soll in sich hineindringen, um den Christus, der seit dem Mysterium von Golgatha lebendig auf der Erde lebt, in sich zu finden. Und wenn der einfache Fromme sich heraufrankt dadurch, daß ihm gesagt werden kann aus anthroposophischer Geisteswissenschaft heraus: es ist keine Illusion, daß du, wenn du tief genug in dich hineindringst, den Christus findest, der ist keine Illusion, der ist in deinen Tiefen, weil er in deine eigenen Tiefen heruntergestiegen ist durch den Tod auf Golgatha, dann weiß der anthroposophische Geisteswissenschafter, wenn er also zu dem einfachen Frommen spricht, daß er eben eine Wahrheit sagt, daß er ihm nicht nur etwas sagt zum Ausbilden der Gefühle, sondern daß er ihm ein Ziel zeigen kann, das auch der einfache Fromme finden kann. Und so können die modernen Wege von dem einfachen Frommen gegangen werden. Während es sich früher darum handelte, daß an der Guruverehrung und Guruachtung sich entwickelten die durchsichtigen Gedanken, das göttliche Tönen des Mantram, sich die Opfergeste entwickelte, so soll derjenige, der im modernen Sinne seinen Weg zu Christus finden will, vor allen Dingen Verinnerlichung der Seele finden. Er soll lernen können, in sein Inneres hineinschauen, um auch dann noch in seinem inneren Gefühl, in seinem inneren Erleben etwas zu haben, wenn er die Blicke abwendet von der äußeren Welt. Und er soll da finden können diejenige Kraft, die ihn durch die Pforte des Todes führt, indem er hier auf Erden mit ihr bekannt wird in der Hingebung an den Christus und das Mysterium von Golgatha.

Der alte Guru hatte seinen Schülern und der ganzen Menschheit gesagt: Wenn ihr durch die Pforte des Todes schreitet, werdet ihr finden das hohe Sonnenwesen, das ausgleicht die Unvollkommenheiten der Erde. – Der moderne Lehrer sagt: Wenn ihr hier auf Erden das Verhältnis gewinnt zu dem herabgestiegenen Christus, wenn ihr mit aller inneren Verehrung, inneren Anbetung, mit verinnerlichtem Seelenleben euer Verhältnis findet hier auf Erden zu dem Christus und zu dem Mysterium von Golgatha, dann erströmt in eurem Inneren eine Kraft, die nicht mit euch stirbt, die ihr durch die Pforte des Todes traget und die mit euch dasjenige vollführen wird, das ihr hier auf Erden, solange ihr den physischen Leib traget, nicht vollführen könnt. Was in alten Zeiten mit dem Menschen das hohe Sonnenwesen vollführt hat, das wird mit euch vollführen die Christus-Kraft, wenn sie in eurem eigenen Wesen bleibt, das im Tode leibfrei geworden ist. Es wird wirken die Christus-Kraft in der Erde in dem, was noch in dem Menschen unvollkommen ist, und es wird die Möglichkeit gegeben sein, daß die Menschen sich auf der Erde finden in dieser Anerkennung des Christus im sozialen Leben. – Denn dasjenige, was also sie durchdringt mit innerer Kraft, als die Kraft, die vom Christus ausströmt, die beleuchtet werden kann durch die anthroposophische Geisteswissenschaftslehre, diese Kraft, sie kann in die Handlungen, in den Willen des Menschen eingreifen, kann Impuls der Willenshandlungen werden und so in das soziale Leben einströmen. In das soziale Leben können einströmen die Christus-Kräfte.

Ja, man redet heute viel von sozialen Reformen, redet viel vom sozialen Fortschritt. Wer wird der große Reformator des sozialen Lebens sein, wenn die Handlungen unter den Menschen einmal ausgeführt werden im sozialen Leben im Auftrag des Christus Jesus, so daß die Welt durchchristet werden kann? Wer wird der große, auch soziale Reformator werden, der Friede wird stiften können im sozialen Streit der Erde? Der Christus allein wird es sein können, wenn die Menschen untereinander ein soziales Leben werden haben können, das ihnen in gewissen Momenten des Lebens zu einer Weihehandlung werden wird, wo sie zu dem Christus so aufschauen, daß sie nicht sagen: Ich –, daß sie sagen: Wenn auch nur zwei oder drei, und wenn viele im Namen des Christus vereinigt sind, so ist der Christus mitten unter ihnen. – Und die soziale Tätigkeit wird eine Opferweihehandlung, sie setzt das fort, was die alte Kultushandlung war. Der Christus muß, indem er lebendig heute in dem Menschenwesen wirkt, auch selber der große soziale Reformator werden.

In der Durchchristung des sozialen Lebens liegt das zweite. Und nun frage ich Sie: Kann dasjenige, was die Menschen ersehnen, was der einfache Fromme ersehnt, daß er in seiner Seele die Christus-Kraft finden kann, daß er, indem er im sozialen Leben unter anderen Menschen handelt, finden kann, er handle im Auftrag des Christus, so daß seine Taten im Auftrage des Christus vollführte Taten sind, kann dieser einfache Fromme die Gewißheit seiner Taten erlangen, wenn der moderne Eingeweihte zu ihm kommt und sagt: So ist es, es ist ausgegangen vom Tode von Golgatha dasjenige, was du finden kannst durch deine naive innerliche Seelenfrömmigkeit, was du finden kannst, wenn du dich besinnst auf dich selber und auf das, was als der Christus in dir lebt. Und es ist dies wirklich aus dem Christus herströmend. Und es ist das, was du im sozialen Leben ausführst mit dem Bewußtsein, es als Christus-Impuls zu tun, es ist in solchem Auftrage ausgeführt, weil Christus unter den Menschen lebt, wenn sie ihn finden. – Und sie finden ihn durch sich selber, durch Verinnerlichung im sozialen Leben, so wie sie dann die wahre, hingebungsvolle Liebe finden, welche die Brücke schlägt von Menschenherz zu Menschenherz, welche ein übersinnliches Element in das Fühlen hineinbringt, wie das Licht, das innerlich erleuchtet, ein übersinnliches Element in das Erkennen hineinbringt.

Und so ist es möglich, daß die einfachen Frommen lernen, nicht mehr zu sagen: Unser Weg – was wir nur in einfacher Frömmigkeit anstreben wollen – wird gestört durch die Erkenntnis, welche angestrebt wird von der anthroposophischen Geisteswissenschaft. – Nein! Durch die Fortpflanzung der rein äußerlichen Naturwissenschaft würde diese Frömmigkeit allmählich vollständig hinabdämmern und verfinstert werden. Indem aber die Naturwissenschaft eine Erkenntnis des Übersinnlichen und dadurch eine wirkliche Erkenntnis der Christus-Wesenheit als einer übersinnlichen Wesenheit bringen wird, kann dasjenige ihm werden, was gerade der wahrhaft Fromme ersehnen muß: Gewißheit über das, was in seiner Seele lebt, Gewißheit über das, was in seiner Hand lebt, wenn er sie liebend in die Tätigkeit umsetzt, um eine Christus-Handlung auszuführen, eine Handlung im Sinne des Christus-Impulses. Dasjenige, was gerade der Fromme ersehnt, es wird als eine Erkenntnisgewißheit in die Welt einziehen können durch das, was anthroposophische Geisteswissenschaft sein möchte. Deshalb darf diese sagen: sie stört nicht den wahrhaft Frommen die Wege, sie führt nicht die Menschen von dem Christus hinweg. Sondern so wie sie sagen darf: Nicht *gegen* die moderne Wissenschaft in die Geisteswelt hinein, sondern *mit* derselben und mit Achtung derselben; so darf sie sagen: Nicht ohne den Christus soll die Menschheit hinein in die weitere Zukunft, sondern mit dem Christus, mit dem wirklich erkannten und gefühlten und mit seiner Wesenheit in der Welt wirkend gewollten Christus.

HINWEISE

Die Vorträge waren in folgenden Zeitschriften veröffentlicht:
London, 17. November 1922: in «Das Goetheanum», 24. Jg. 1945, Nr. 5–7.
London, 18. November 1922: in «Das Goetheanum», 24. Jg. 1945, Nr. 8–11.

zu Seite

5 *in den nächsten Tagen:* Siehe den folgenden Vortrag vom 18. November 1922, und die Vorträge vom 19. und 20. November 1922 «Zeitgemäße Erziehung im Kindheits- und Jugendalter», in «Geistige Zusammenhänge in der Gestaltung des menschlichen Organismus», Bibl.-Nr. 218, Gesamtausgabe Dornach 1976, sowie als Einzelausgabe Dornach 1976.

6 *bei meinen letzten Vorträgen hier:* Siehe London, 14. April 1922 «Erkenntnis und Initiation» und 15. April 1922 «Erkenntnis des Christus durch Anthroposophie»; veröffentlicht in «Das Sonnenmysterium und das Mysterium von Tod und Auferstehung. Exoterisches und esoterisches Christentum», Bibl.-Nr. 211, Gesamtausgabe Dornach 1963.

«The Way of Initiation»: Deutscher Titel: «Wie erlangt man Erkenntnisse der höheren Welten?» (1904), Bibl.-Nr. 10, Gesamtausgabe Dornach 1975 (auch als Taschenbuchausgabe tb 600, Dornach 1976).

12 *Nachdem dieser Teil des Vortrages übersetzt ist:* Rudolf Steiner hielt die Vorträge auf deutsch. Sie wurden in jeweils drei Teilen ins Englische übersetzt. Die Unterbrechungen sind durch Zwischenräume im Text gekennzeichnet.

27 *habe ich gestern mit einigen Worten berührt:* Siehe den vorangehenden Vortrag vom 17. November 1922.

30 *Guru:* Guru heißt der Führer auf dem okkulten Entwicklungsweg in der orientalischen Schulung.

44 *das Pauluswort:* Galater 2, 20.

RUDOLF STEINER GESAMTAUSGABE

A. SCHRIFTEN

I. *Werke*

Goethes Naturwissenschaftliche Schriften, eingeleitet und kommentiert von R. Steiner, 5 Bände (1883/97, Neuausgabe 1975); separate Ausgabe der Einleitungen (1925)

Grundlinien einer Erkenntnistheorie der Goetheschen Weltanschauung (1886)

Wahrheit und Wissenschaft (1892)

Die Philosophie der Freiheit (1894)

Friedrich Nietzsche, ein Kämpfer gegen seine Zeit (1895)

Goethes Weltanschauung (1897)

Die Mystik im Aufgange des neuzeitlichen Geisteslebens und ihr Verhältnis zur modernen Weltanschauung (1901)

Das Christentum als mystische Tatsache und die Mysterien des Altertums (1902)

Theosophie. Einführung in übersinnliche Welterkenntnis und Menschenbestimmung (1904)

Wie erlangt man Erkenntnisse der höheren Welten? (1904/05)

Aus der Akasha-Chronik (1904/08)

Die Stufen der höheren Erkenntnis (1905/08)

Die Geheimwissenschaft im Umriß (1910)

Vier Mysteriendramen (1910/13)

Die geistige Führung des Menschen und der Menschheit (1911)

Anthroposophischer Seelenkalender (1912)

Ein Weg zur Selbsterkenntnis des Menschen (1912)

Die Schwelle der geistigen Welt (1913)

Die Rätsel der Philosophie in ihrer Geschichte als Umriß dargestellt (1914)

Vom Menschenrätsel (1916)

Von Seelenrätseln (1917)

Goethes Geistesart in ihrer Offenbarung durch seinen «Faust» und durch das Märchen von der «Schlange und der Lilie» (1918)

Die Kernpunkte der sozialen Frage in den Lebensnotwendigkeiten der Gegenwart und Zukunft (1919)

Aufsätze über die Dreigliederung des sozialen Organismus und zur Zeitlage 1915–1921

Kosmologie, Religion und Philosophie (1922)

Anthroposophische Leitsätze (1924/25)

Grundlegendes für eine Erweiterung der Heilkunst nach geisteswissenschaftlichen Erkenntnissen. Von Dr. R. Steiner und Dr. I. Wegman (1925)

Mein Lebensgang (1923/25)

II. *Gesammelte Aufsätze*

Aufsätze aus den Jahren 1882–1902

Aufsätze aus den Jahren 1903–1908

Aufsätze aus den Jahren 1911–1925

III. *Veröffentlichungen aus dem Nachlaß*

Wahrspruchworte, Fragmente, Entwürfe, Briefe und Aufzeichnungen

B. VORTRÄGE

I. *Öffentliche Vorträge*

II. *Vorträge vor Mitgliedern der Anthroposophischen Gesellschaft*

Vortragszyklen und Vorträge allgemein-anthrophosophischen Inhalts

Vorträge zur Geschichte der anthroposophischen Bewegung und der Anthroposophischen Gesellschaft

III. *Vorträge und Kurse zu einzelnen Lebensgebieten*

Vorträge über Kunst: Eurythmie, Sprachgestaltung, Musik, bildende Künste und Kunstgeschichte

Vorträge über Erziehung

Vorträge über Medizin

Vorträge über Naturwissenschaft

Vorträge über das soziale Leben und über die Dreigliederung des sozialen Organismus

Vorträge für die Arbeiter am Goetheanumbau

Das Vortragswerk umfaßt annähernd 6000 Vorträge, von denen zum größten Teil Nachschriften vorliegen.

C. REPRODUKTIONEN UND VERÖFFENTLICHUNGEN AUS DEM KÜNSTLERISCHEN NACHLASS

Die Bände sind nicht numeriert, jedoch in den einzelnen Gruppen einheitlich ausgestattet. Sie sind einzeln erhältlich.

Rudolf Steiner – Das literarische und künstlerische Werk
Eine bibliographische Übersicht 1961/1966